든든한 수프 상담소

영업 시작했습니다, 고민 받습니다!

든든한 *수프* 상담소

김은해 · 김은화 · 방혜리

피치북스

프롤로그

세상에 진짜로 있는, 수프 상담소에 오신 것을 환영합니다!

영업 1일 차 고민 영수증

어제보다 오늘 더 성장하고 싶은 당신에게

오늘도 일을 미루고 말았습니다	15
퇴사하고 싶은 사람, 손?	21
열정과 생계 사이, 아슬아슬 균형 잡기	26

영업 2일 차 고민 영수증

관계의 적당한 온도를 찾아서

부모가 인정해주지 않는 길을 가려는 당신에게	35
엄마가 자꾸 저한테 서운하다는데	40
가족이라는 '자연재해' 앞에서	45
돌봄에도 돌봄이 필요해	51
홀로서기를 위한 의존의 기술	59

영업 3일 차 고민 영수증
꼬리에 꼬리를 무는 일 생각에 잠 못 드는 당신에게

나한테 꼭 맞는 직업을 찾고 싶은 '프로 이직러'의 고민	67
피드백에 두드러기가 있어요	72
알고 보니 내가 구멍이었네	77
프리랜서의 생존법	82
똥인지 된장인지 먹어봐야 안다	89

영업 4일 차 고민 영수증
우정과 사랑에 정답이 어디 있겠냐마는

연애하지 않을 자유	97
다시 결혼할 수 있을까	102
전쟁 같은 사랑만 사랑인가요	107
아무래도 불편한 친구	114
내가 선 넘은 걸까?	119

영업 5일차 고민 영수증
인생에 터닝포인트가 필요한 순간

백수는 내 천직	127
정해진 트랙을 벗어나면 게임 오버?	133
서랍도, 인생도 정리가 안 된다면	139
나는 자라서 결국 내가 되겠지	146
번아웃이 오면 난 수프를 끓여	152

에필로그
수프 맛은 어떠셨나요?

프롤로그

세상에 진짜로 있는,
수프 상담소에 오신 것을 환영합니다.

"이 잔에 커피 말고, 수프를 담으면 어떨 것 같아요?"

이 황당한 말을 먼저 뱉은 한 사람이 있었습니다. (그게 접니다.)

"오, 재미있겠다!"

여기에 명랑하게 답한 두 사람이 있었고요.

이렇게 세 사람이 모여 이 모든 사건이 시작되었습니다.

"수프를 팔면서 사람들 고민을 들어주는 거지. 그 있잖아요, 심야식당처럼."

"재미있을 것 같아! 뭐 팔지? 일단 토마토수프랑 토마토 에이드…."

막 퇴사를 하고 소속과 지위를 벗어던진 우리에게는 돈을 제외하고 모든 게 넘쳐났습니다. 근거 없는 자신감은 상상력을 빠르게 키웠고, 억눌러왔던 욕망에 명확한 논리 따위는 필요 없었습니다.

"근데 돈 있어요?"
"아니, 없죠. 근데 재미있을 것 같아."
"워워…. 제가 먼저 꺼낸 말이긴 한데 진정해봐요…."

중구난방으로 흘러가는 대화 속에 남아 있던 1퍼센트의 이성이 지구 밖을 벗어나려는 정신을 재빨리 잡아주었습니다. 그리고 진짜 커피 잔에 수프를 담기 위한 궁리를 하기 시작했어요. 매주 통장의 잔고를 확인하는 사람들이 사비를 털어서 수프를 만들 수 없으니 지원 사업을 찾았죠. 마침 당장 지원 가능한 사업이 있었고, 덜컥 선정이 돼버렸습니다. 이런…. 진짜 일냈네.

이제 막 여름을 맞이하고 있던 시기, 농담처럼 던진 한마디가 한 달 만에 커다랗게 쑥쑥 자라버렸습니다. 이제 와서 고백하건데 이렇게 일이 커질 줄 몰랐어요. 하지만 물러설 수 없으니 전진하기로 했습니다. 사실 마음 깊이 해보고 싶은 게 있었거든요.

저희 관계는 조금 독특합니다. 단순하게는 일하며 만난 사이이고, 엄밀히 말하면 팀장과 팀원, 그리고 직원과 외부 파트너 사이였습니다. 서로 격식을 차리고 거리를 가져야 마땅한 사이기에 주변에서 '어느 한쪽이 강요한 거 아냐?', '거절 못 한 거 아니야?' 하는 의심도 있었습니다. 하지만 앞서 나눈 천방지축 대화를 보면 이 오해는 금방 풀 수 있을 거예요. 그리고 저의 상사이자 파트너이고 인생 선배인 이 두 분에게 농담 같은 제안을 한 이유도 있었죠. 이분들은 꽤 괜찮은 위로를 할 줄 아는 사람들이거든요.

살면서 한번쯤 이런 적 있지 않으세요? 무기력하고 우울해서 나의 상태를 아무에게도 설명하고 싶지 않을 때, 그래서 아무도 만나고 싶지 않고 나조차도 진실을 외면하고 싶은 그런 상태요. 자존감이 바닥을 쳐서 작은 말에도 상처 입고 아파한 적, 저는 꽤 있습니다. 그런 상황에서도 제가 유일하게 연락하고 만나는 사람이 바로 이 두 사람이었어요. 이 두 분에게는 명확하게 '있는 것'과 '없는 것'이 있거든요.

먼저 편견이 없고, 뒤끝도 없습니다. 한번은 다른 사람에게 제 고민을 얘기하고 이런 말을 들은 적이 있어요.

"사회생활 하려면 그 정도는 감내해야지. 앞으로 더한 것도 있을 텐데 어쩌려고 그런 걸로 끙끙거려?"

하지만 두 사람은 달랐죠.

"아, 뭐래? 제대로 알지도 못하면서 왜 멋대로 지껄인대요?"

아휴, 아주 눈물 나게 웃었습니다. 두 사람에게는 어떤 고민을 얘기해도 사회적인 기준이나 틀에 맞춘 답이 돌아오지 않았어요.

그래서 내 말이 잘못 전달될까 봐, 혹은 엄한 소리나 듣게 될까 봐 말하기를 주저하지 않았죠. 게다가 저같이 소심한 사람은 먼저 고민을 털어놓고도 집에 와서 이불을 걷어차며 후회하기도 하는데요. 편견도, 섣부른 짐작도 하지 않는 사람들이기에 고민을 털어놓고 후회하거나 이불에 구멍을 낸 적도 없어요.

반대로 명확하게 가지고 있는 것도 있죠. 빠른 문제 해결을 도와주는 통찰력입니다. 단 그게 당근일 때도 있고 채찍일 때도 있어요.

"사실은 이렇게 하고 싶었던 것 아녜요? 그렇죠?"

'헉' 소리 나게 정곡을 찔린 적도 여러 번 있었네요. 하지만 그 덕분에 불필요한 감정에 휩쓸리다가 여러 번 구조되었어요. 고민을 가진 사람을 가장 괴롭게 만드는 건 고민 그 자체보다 고민 때문에 생기는 소모적인 감정이더라고요. 하루는 우울했다가 하루는 화가 났다가 감정에 매몰되어 나의 문제를 도저히 객관적으로 바라볼 수 없었습니다. 아마 모두가 그럴 거예요. 그래서 더욱 문제 해결도 고민 해소도 어렵죠. 하지만 저희 셋이 모이면 꽤 적절한 답을 찾아드릴 수 있습니다.

"근데 누가 우리한테 고민을 얘기하죠?"

저희 앞에 놓인 것은 커피를 다 마시고 남은 커피 잔이었습니다.

"이 잔에 커피 말고, 수프를 담으면 어떨 것 같아요?"

얘기를 나누고 싶을 때 '커피 한잔' 하자고 하잖아요. 하지만 커피만으로는 왠지 아쉽고 밥은 부담스럽고…. 그러다 떠올린 것이 바로 '수프'였습니다. 수프 값 대신 고민을 지불하면, 그 고민에 저희가 답장을 하기로 했습니다. 꽤 괜찮은 위로와 대안으로요. 수프로 빈속을 채워도 좋고, 저희가 보내드린 답장에 마음의 허기까지 채울 수 있다면 더욱 좋고요. 그렇게 저희는 수프를 끓이게 되었습니다.

현실적 대안과 삶의 기술로 무장한 '친절한 T' 방혜리가 수프를 끓이고요. 인생 2회 차인 듯 공감력 만렙을 자랑하는 '독 없는 독심술사' 김은채가 고민을 받습니다. 온화하게 웃으며 뼈 때리는 '다정한 흑염룡' 김은화가 고민과 답장을 이야기로 만들 거고요. 판타지냐고요? 오해 마세요. 저희는 그냥 여러분의 고민을 들어주고 싶어 현실에서 수프를 끓이는 사람들일 뿐이에요. 올 여름, 저희는 망원에서 수프 가게를 열어 사람들을 만났습니다. 뭉근한 수프 속에 사연자분들의 희노애락이 함께 스며들어 세상 어디에서도 맛볼 수 없는 이야기가 탄생한 배경입니다.

첫 장을 펼치며 이미 눈치 챈 분들이 있을지도 모르겠네요. 답장으로 받은 대안보다 수프 값 대신 지불한 고민이 누군가에게 도움이 될 수 있다는 것을, 나의 고민이 꽤 값어치가 있다는 것을….

환영합니다, 우리의 값진 고민을 읽으러 오신 것을.

영업 1일 차 고민 영수증

어제보다 오늘 더
성장하고 싶은 당신에게

오늘도 일을 미루고 말았습니다

미루는 습관과 결별하고 싶어요

by. 슬로우스타터

 안녕하세요, 저는 시작이 느린 사람입니다. 좋게 말해서 '슬로우스타터'라고 하지, 사실 저는 미루기의 달인입니다. 일을 자꾸만 미루는 이유는 간단해요. 저는 실패하는 게 싫거든요. 아이디어를 내고 기획할 때의 저는 활기에 넘쳐요. 이것도 할 수 있고 저것도 할 수 있을 것 같아요. 그런데 막상 그 기획을 실행하려고 하면 도망치고 싶어집니다. 하기 싫어서 미루고 미루다가 마감 기간이 닥쳐서야 도살장에 끌려가는 소마냥 어쩔 수 없이 작업에 착수하고 맙니다.

 사실 해보고 나면 별것도 아니에요. 메일에 답장 쓰기, 제안서 설명하기, 미팅하기 등등 직장인이라면 누구나 수행해야 할 일상적인 업무예요. 물론 제가 하는 일이 콘텐츠를 기획하고 제작하는 일인지라 매번 실적이 수치로 뚜렷하게 나오고, 그에 따라서 제 연봉이 정해지기 때문에 부담스러운 것은 사실입니다.

제가 머뭇거리고 쭈뼛거리며 일을 미루는 동안, 동료들이 새로운 기획을 냈다가 성공도 하고 실패도 하며 다양한 경험을 쌓아가는 것을 보면 무척 부러워요. 제가 프로젝트를 한 개 겨우겨우 마칠 동안 능력 있는 동료는 두 개, 세 개를 해치우며 다양한 데이터를 쌓아갑니다. 저도 빨리 시작해서 빨리 실적을 쌓고 빨리 인정받고 싶어요. 그러려면 시작에 대한 두려움을 없애야 할 텐데, 어떻게 해야 할까요?

걸음마를 할 때는 누구나 넘어지니까

by. 독 없는 독심술사

안녕하세요, 슬로우스타터님. 사연을 보고 제 고민인 줄 알고 깜짝 놀랐지 뭐예요? 얼마 전에 저도 이런 말을 들었거든요.

"고민할 시간에 벌써 시작했겠다!"

그 말을 듣고 이런 생각이 들더라고요. '음…. 그럼 일의 시작점을 바꿔볼까?'

왜 시작이 두려울까?

저는 누구보다도 시작이 느린 사람이었어요. 어릴 때부터 배우는 것도, 실행력도 느려 개학 전날 울면서 밀린 일기를 쓴 게 하루 이틀 일이 아니었죠. 엄마가 왼손으로 일기 써준 에피소드는 지금은 웃으며 얘기하지만, 당시에는 혹여 들킬까 봐 심장이 미친 듯이 뛰었어요. 원래 소심하고 자존감도 낮은데, 일을 미루면서 그런 상황으로 자신을 몰아가곤 했어요. 그런데 제가 대학을 갈 무렵, 이모가 저에게 이런 말을 했어요.

"주변을 의식하지 마. 네가 잘하는 것, 하고 싶은 것만 생각해. 그럼 너도 모르는 사이에 1등을 하고 있을 거야."

이 말을 이해하시려면, 저희 이모 이야기를 먼저 들려드려야 할 것 같아요. 저희 이모는 집안 형편으로 또래보다 5년 정도 늦게 대학을 가셨어요. 물리적인 요인 때문이긴 했지만, 이모야말로 진짜 '슬로우 스타터'였죠. 그래서 남들보다 더 잘하고 싶다는 욕심과 더 앞서나가야겠다는 조급함이 컸다고 해요. 하지만 아무리 열심히 공부해도 매번 1등을 놓치고, 2등을 했다고 해요. 그러던 어느 날, 수업 시간에 필기하는 손도 멈추고 1등 하는 동기만 빤히 쳐다보고 있는 자신을 발견했다고 해요. 필기는 얼마나 했나, 과제는 어떻게 했나 지켜보면서요. 그런 자신을 보며 엉뚱한 곳에 에너지를 소모하고 있었다는 걸 깨닫고 이후로는 '나'에게만 집중했다고 합니다. 그러니 자연스럽게 조급함도 사라지고, 자신이 좋아하고 잘하는 것이 선명해졌다고 해요. 이모는 어떻게 됐냐고요? 이모는 결국 수석으로 졸업했어요. 과 대표로 단상에 올라가 졸업 연설을 하던 이모의 모습을 아직도 생생하게 기억해요.

당시에는 이모의 말을 다 이해하지 못했어요, 시작이 느린 것과 나에게 집중하는 게 무슨 상관인지. 생각해보니 어떤 일을 시작할 때, 그 시작을 방해하는 것 중 하나가 '다른 사람과 비교하는 마음'이더라고요.

당신은 혹시 긁지 않은 복권?

슬로우스타터님은 자신의 시작을 주저하게 만드는 것이 무엇인지 이미 잘 알고 계신 것 같아요. 많은 사람들이 여기에 공감할 것 같아요. 실패에 대한 두려움이나, 완벽하고 싶은 마음은 슬로우스타터님뿐만 아니라 저를 포함한 대부분의 사람들이 가지고 있으니까요.

어릴 때 거실 서랍에서 긁지 않은 복권을 발견한 적이 있어요. 누구 것인지 모르겠지만, 집에서 나온 복권이니 일단 긁어봤는데요. 천만 원이 당첨되었지 뭐예요? 하지만 이게 웬걸, 뒷면을 보니 유효기간이 지나 있더라고요. 이런…. 이렇게 결과를 확인하기가 두려워서 시도하기를 미루다 보면, 긁기도 전에 유효기간이 지나버릴 수도 있잖아요? 그러니 밑져야 본전이라는 마음으로 과감하게 시도해보세요. 설령 실패하거나 결과물이 완벽하지 않더라도, 그보다 값진 경험이 쌓여 있을 테니까요. 이건 제가 확신합니다.

주저하는 마음을 없애기 위해서는 무엇이 필요할까요? 사연자님은 이미 답을 잘 알고 계신 것 같아요. 일단 비교하는 마음을 내려놓고, 과감하게 실패에 대한 두려움을 넘어보세요. '어떻게든 되겠지, 에잇!' 하며 한번 시도해보는 거예요. 처음부터 완벽할 순 없습니다. 그러니 일단은 한 발 디밀고 시작해서 조금씩 완성해나가는 자신을 지켜봐주는 거죠. 마치 걸음마 하는 아기를 응원하듯이 나 자신의 서툶도 예쁘게 봐주고, 사랑으로 보살펴주는 거예요.

물론 처음에는 쉽지 않을 거예요. 앞서 말씀드린 저희 이모처럼, 남이 아닌 자신에게 집중하는 게 필요합니다. 우리는 각자 다른 스피드, 스타트, 트랙을 가진 사람이잖아요. 그렇기 때문에 맞고 틀림보다는 '다름'으로, 타인과 비교하기보다 나에게 '집중'해보세요. 그렇게 자신만의 속도로 달려가다 보면, 언젠가 내가 오롯이 빛나는 곳에 도달해 있지 않을까요?

다시, 일의 시작점은 어디일까?

가장 해드리고 싶은 말은 슬로우스타터님이 고민을 시작한 순간부터 이미 일을 시작했다는 사실입니다. 사람들은 실질적으로 일에 착수한 시점을 '시작'이라고 생각합니다. 하지만 일에 대한 고민을 시작한 순간, 이미 일을 시작한 게 아닐까요? 더 깊이 고민한 만큼 더 체계적으로 착착 해낼 수도 있고요. 이렇게 생각하면 '고민할 시간에 벌써 시작했겠다!'라는 말에 당당히 답할 수 있을 것 같아요.

"응, 고민을 시작해서 이미 일을 시작했어! 나, 엄청 빠르지?"

다시 생각해보면 우리는 그 누구보다도 부지런한 사람입니다. 슬로우 스타터, 아니 얼리 스타터님, 이제 밖이 아니라 안으로 시선을 돌려 자신만의 마라톤을 완주하시길 응원합니다.

퇴사하고 싶은 사람, 손?

조직 생활에 한계를 느껴요
---
by. YBB

 일을 하면 할수록 임금과 지위가 낮아지는 기분이에요. 프리랜서를 꿈꾸며 조직 생활과 사이드잡을 병행하고 있지만 전업을 하기에는 아직 역량과 수입이 부족해요.

 조직 생활에 온전히 에너지를 쏟고 커리어 성장을 노려야 할까요? 그러기엔 조직 생활의 한계를 이제 너무 많이 알게 된 것 같아요. 조직 안에서 온전히 성장할 수 있고, 성장에 대한 보상이 주어진다면 이런 고민을 하지 않으려나 싶기도 하고요.

 고민이 정리가 잘 안 되네요.

당장 퇴사할 수 없다면 ○○을 하자!

by. 친절한 T

안녕하세요. YBB님, 회사를 다니며 충족되지 않는 성장의 욕망, 그리고 프리랜서로서 원하는 일을 하고 싶다는 갈망 사이에서 현실적인 고민을 하시는군요.

우리나라 직장인의 10명 중 8명은 현재 자신이 하고 있는 일을 '평생 직업'으로 생각하지 않는다고 하더라고요. 최근 호주의 한 학자는 2030년에 20세가 되는 세대는 1인당 2~30개의 직업을 갖게 될 거라고 전망하기도 했다고 해요. 그만큼 우리가 살아가는 시대가 하나의 직업으로만 일하기 쉽지 않은 환경이라는 걸 보여주는 거겠죠. 많은 분들이 직장인으로 남을 것인지, 프리랜서로서 새로운 직업에 도전할 것인지 고민하고 있을 것 같아요.

임금과 지위만 올라가면 만족할 수 있을까

사연에서처럼 직장에서 일을 할수록 임금과 지위가 내려간다면 정말 속상할 것 같아요. YBB님의 고민에서 현재 직장에서 채워지지 않는 무언가가 있다고 느껴졌어요. 일에 대해 내적 동기가 생기지 않으면 외적 보상이라도 있어야 하는데 그렇지 않은 상황이라면 더욱 더 고민이 깊어지겠죠. 하지만 임금과 지위가 보장되면 일터에서 만족할 수 있을까요? 저는 그렇지 않다고 생각합니다. 일에는 여러 가지 의미가 있습니다. 누군가에게 일은 생계 수단이기도 하지만, 누군가는 일에서 재미를 추구할 수도, 또 다른 사람에게는 성장과 가능성을 의미할 수도 있겠죠. 모든 부분에서 만족할 수 있는 일터가 있다면 좋겠지만 말이에요.

잠시 제 이야기를 들려드리려고 해요. 저는 최근 약 10년간의 직장 생활을 청산하고 프리랜서 생활을 시작했는데요. 맨땅에서 다시 시작하는 기분이었어요. 기존 직장에서는 소속과 직함으로 쉽게 해낼 수 있었던 일들도, 밖에서는 오롯이 저 혼자 힘으로 할 수 있다는 것을 증명해야 했어요. 일의 난이도는 올라갔는데 그만큼 결과가 안 나오니 조금 힘들더라고요. 특히 첫 달 통장에 찍힌 숫자를 보고 나니 더욱 허탈했어요.

아마 이런 점 때문에 프리랜서를 하기 전에 두려워했던 것 같아요. 그래도 한 가지 확실히 깨달은 점이 있는데요. 지금 내 자리에서 할 수 있는 것을 하다 보면 자연스레 결과가 따라올 거라는 믿음이 생겼어요. 그래서 지금 하고 있는 일에서 내적인 동기를 발견하려고 부단히 노력하는 중입니다. 그렇게 일의 재미를 찾으니 버틸 힘이 생기더라고요. 그래야 내가 좋아하는 일을 오래도록 할 수 있으니까요.

직장에서 무엇을 취할 것인가

　제가 최근까지 다녔던 회사는 조직의 한계도 있지만 스스로 성취감을 느끼기 어려운 환경이었어요. 아마 그 이전 직장이 주도적으로 일해야 하는 환경이라 더욱 크게 비교됐던 탓도 있겠죠. 일을 하면 할수록 직무 만족도는 곤두박질쳤고 성장 가능성은 발견하기 어려웠죠. 당시 장점이라고 여겼던 스타트업 환경은 제게 한계로만 느껴졌어요. 물론 업무 난이도에 비해 임금이 비교적 높았기에 일정 부분은 보상이 되기도 했습니다. 그 덕에 1년 이상 버티면서 일할 수 있었죠.

　어느 날 책상에 앉아 있는데 이런 생각이 제 머리를 스치고 지나갔어요. '하루 중 여덟 시간 이상을 일터에 있는데 재미없는 일을 계속 할 수 있을까?' 고민 끝에 지금 당장 만족을 주는 달콤한 보상이 없더라도 내가 하고 싶은 일에 도전해보기로 결정했습니다. 돌이켜보면 회사를 다니면서 '내가 하고 싶은 일'을 동시에 시도해봐도 되지 않았나 하는 아쉬움이 들기도 하지만요.

　사연자님은 직장 생활을 하는 동시에 내가 하고 싶은 일을 하고 있으니 대단하다고 생각해요. 당장 퇴사할 수 없는 상황이라면 지금 있는 조직에서 커리어를 쌓으면서 무엇을 가져가고 발견해볼지 생각해보세요. 그러면서 동시에 프리랜서로서 나의 역량을 키워나가는 경험을 일터 밖에서 계속 시도하면 어떨까요? 그러다가 내 역량이 지금 일터의 커리어를 넘어서는 순간이 왔을 때 퇴사해도 늦지 않을 것 같아요.

나의 커리어에서 어떤 부분을 채워나가고 버릴지 고민해보세요. 그렇게 해서 일을 병행해나갈 힘을 얻고 계속하다 보면, 언젠가 자연스레 퇴사의 시기를 맞이할 수 있을 거예요. 프리랜서로서 역량을 키우면서도 커리어를 쌓아나가는 여정을 응원하겠습니다.

열정과 생계 사이,
아슬아슬 균형 잡기

좋아하는 일을 오래오래 하고 싶어요
---

by. 썸머

좋아하는 일을 오래오래 하고 싶은 썸머입니다.

저는 좋아하는 것도 많고, 하고 싶은 것도 많은 사람이에요. 어릴 적부터 무엇을 하며 살아야 할지 많은 생각을 했던 것 같아요. 직업에서 어떤 가치를 우선으로 둘까 고민하다가, 나와 사회에 의미 있는 일인지, 일할 때 재미있는지를 기준으로 삼았어요.

몇 번의 이직 끝에 찾은 지금 직장에서는 어느 정도 만족하며 지내고 있습니다. 다만 조직 생활을 하며 느끼는 아쉬움도 있어요. '나만의 일'을 하고 싶다는 생각이 들어 작년부터는 친구들과 함께 창업을 준비하고 있어요. 두 가지 일을 하다 보니 각각의 장단점을 보완하며 일을 해볼 수 있어 좋더라고요.

최근 드는 고민은 저의 체력입니다. 체력은 집중력과 에너지와도 연관이 있는 것 같아요. 아침부터 이른 저녁까지는 직장을 다녀오고, 이후에 다시 모드를 바꿔서 다른 일을 하려니 많은 에너지가 들더라고요. 지속적으로 이 일들을 잘 해내고 싶은데 조금씩 지치기도 하고, 점점 놓치는 게 생겨 친구들에게 피해를 주는 건 아닐까 하는 걱정될 때도 있어요.

좋아하는 일을 오래오래 하고 싶은데, 이럴 땐 어떻게 해야 할까요?

열정만큼 다른 욕구도 보살펴주세요

by. 다정한 흑염룡

안녕하세요, 썸머님. 직장 생활과 창업 준비를 병행하고 있다니 대단하네요. 회사에서 충족하지 못한 욕구를, 밖에서 친구들과 함께 도전하며 채우고 있다니 멋져요! 제 경우에는 나인 투 식스로 회사만 다녀도 영혼까지 탈탈 털리는 느낌이라 여가 시간에 아무것도 시도하지 못했는데, 오히려 썸머님처럼 그 영혼을 채우는 활동을 했더라면 회사를 좀 더 오래 다녔을지도 모른다는 생각을 해봤습니다.

저는 회사를 그만두고 지금은 좋아하는 일을 하며 프리랜서로 살고 있는데요, 몇 년 전부터는 엄마가 되면서 365일 내내 교대 근

무를 하고 있습니다. 썸머님처럼 투잡을 하고 있는 상황이랄까요. 애기가 아파서 잠을 설치거나 집안일로 무리한 날에는, 제가 본래 하던 일에 집중하기가 힘들어서 이 일을 계속 할 수 있을까 고민하던 차에 썸머님의 사연을 만나 더욱 반갑네요.

마라톤을 완주하려면

좋아하는 일을 오래오래 하려면 어떻게 해야 할까요? 썸머님이 말씀하신 대로 체력이 부족하면 에너지와 집중력이 떨어져서 목표한 만큼 일을 해내기가 어렵더라고요. 이럴 때 저는 몸의 목소리에 순응하는 편입니다. 오늘은 힘들어서 도저히 작업할 기운이 없다면 일찍 잠자리에 듭니다. 졸린 채로 컴퓨터 앞에 앉아 있어봐야 비몽사몽한 정신으로 유튜브만 볼 뿐이니 차라리 휴식이라도 제대로 취하는 게 낫겠다 싶더라고요. 늦은 밤까지 일하다 잠들기보다는 새벽에 일어나 일하는 게 효율적이기도 하고요.

컨디션이 좋지 않아 동료들한테 피해를 끼칠까 봐 걱정되면 상황을 미리 공유합니다. 내가 현재 이러이러한 상황에 있어 목표한 날짜까지 일을 처리하지 못할 것 같다, 마감을 며칠 늦춰주면 그 안에 컨디션을 회복해서 마쳐보겠다며 솔직하게 상황을 말하고 일정을 조율합니다. 그 대신 저도 상대방이 개인 사정으로 일정을 지키지 못할 때 너그러운 마음으로 이해해줍니다.

두 가지 일을 병행하는 상황에서 변수를 고려하지 않고 마감일을 칼같이 지키려고 하다 보면 지쳐서 오래하기가 힘들더라고요. 컨디션을 고려하지 않고 무리하게 일을 밀어붙이면 탈이 나기 마련입니다. 몸이 아프거나 관계가 나빠지거나 하는 식으로요. 만약 일을 성공적으로 마쳤다 하더라도 번아웃이 찾아오고요. 30대가 되고 보니 몸이 들려주는 목소리를 무시하면 나중에 반드시 복수한다는 걸 알게 되었습니다. 그러니 너무 무리하지 마세요. 배고플 때는 먹고, 졸리면 자고, 힘들 때는 쉬어주세요.

중요한 것은 완성하는 것입니다. 거북이걸음이면 어때요. 목표 지점까지 나만의 속도와 방법으로 가보는 거죠. 이 속도로 언제 프로젝트 완성하나 싶고, 목표 지점에 이르지 못할까 봐 불안할 수도 있겠지만, 그 마음까지 동료들과 함께 나누다 보면 자갈밭도 금방 지나칠 거예요.

속도보다 중요한 것은 과정

아이를 키우며 글 쓰고 편집하는 일을 병행하고 있는 저는, 매일 한 발씩 번갈아가며 다른 진창에 빠집니다. 텍스트를 만지는 일에 집중하다 보면 육아를 소홀해서 죄책감에 휩싸이고, 아픈 아이를 돌보느라 잠이 부족해서 낮잠을 자고 나면 오늘 하루도 이렇게 아무것도 쓰지 못하고 보내는구나 싶어 괴롭습니다. 하지만 포기하지 않으려고 해요. 제가 책을 빨리 내지 않으면 호미 들고 쫓아오는 독자가 있는 것도 아니고, 한 발씩 푹푹 빠져가면서도 자신을 다독여서 어떻게든 데리고 가는 그 자체가 중요하죠.

다른 창작자분에게도 같은 질문을 해봤습니다. 좋아하는 일을 계속 하는 비결에 대해 전화로 물었더니 한 시간 넘게 수다가 이어졌습니다. 좋아하는 일을 하는 괴로움에 대해 실컷 떠들었지 뭐예요. 겉에서 보기에는 커리어를 차곡차곡 쌓아나가는 사람도 알고 보면 다 자기만의 진창이 있어요. 거기에 빠졌다가도 다시 털고 일어나서 뚜벅뚜벅 걸어가는 거예요. 목표 지점에 가닿을 때까지 나만의 방식으로 말이죠.

당신의 초콜렛은 무엇인가요?

좋아서 하는 일은 보상이 없을 때가 많잖아요. 돈으로 환산될 때까지, 그러니까 사람들이 내 작업물의 가치를 알아보고 돈을 지불하는 수준에 이르려면 그만큼 실력을 갈고닦아야 하니까, 거기에 이를 때까지 버티기가 힘듭니다. 창업도 마찬가지 아닐까요. 손익분기점을 지나 유의미한 수준으로 이익이 날 때까지 버티는 것이 쉽지 않을 거예요.

그러니 최종 목표만을 향해 무작정 달리기보다는 중간중간 작은 보상을 주면 어떨까요? 자신만을 위한 달콤한 초콜렛을 준비해

두는 거죠. 맛집에 가든 영화를 보든 자신에게 보상이 될 수 있는 선물을 마련해두는 거예요. 팀 차원의 보상을 주는 것도 괜찮겠어요. 저는 팀 작업을 할 때 맛있는 디저트를 먹으며 일과 관련 없는 대화를 할 때가 좋더라고요. 나중에 보면 그게 다 팀워크를 다지는 과정이었더라고요. 사람마다 원하는 보상이 다를 테니 욕구를 잘 살펴보고 충족시켜가며 건강하게 좋아하는 일을 할 수 있기를 바랍니다.

마지막으로 체력을 키우기 위해 운동도 하시길 권해드려요. 달리기든, 요가든, 축구든 뭐든 괜찮습니다. 뭐가 됐든 체력을 끌어올릴 만한 본인만의 방법을 찾기를 바라겠습니다. 썸머님의 완주를 기원합니다.

영업 2일 차 고민 영수증

관계의 적당한 온도를 찾아서

부모가 인정해주지 않는 길을
가려는 당신에게

나의 인생, 왜 부모님에게 인정받고 싶은 걸까요?
---
by. 눈치 보는 북극곰

스스로의 확신과 판단으로 만들어온 나의 인생인데 자꾸 부모님한테 인정받고 싶어요. 나의 욕구에서 비롯된 것인지, 부모님의 기대에서 만들어진 것인지 모호하기는 하지만요.

"어렸을 때 북극곰이는 영어도 잘하고 똘똘하다고 하도 이야기를 들어서 뭐라도 될 줄 알았는데 도통 무슨 일을 하는지 모르겠네."라는 먼 친척의 이야기를 듣고 상처받은 엄마가 저에게 와서 화풀이를 하셨어요. 왜 매번 설명하기도 어렵고 돈도 못 버는 일만 골라서 하느냐고요. 거기서 한마디도 못하는 당신의 심경도 알아야 한다면서…. 너무 잘 알죠.

저도 제가 하는 일을 계속할 수 있을지, 보다 안정적이고 돈을 많이 주는 회사를 찾아야 하는 건지 매순간 고민하니까요. 재정적인 지속 가능성을 만들어내기 어려운 업계에서 일하면서 스스로의 성장을 놓치고 있다는 생각만 해도 괴로운데, 부모님이 인정할 만한 곳에서 일하거나 인정할 만한 직업을 가져야 하는지 고민하는 제가 답답해요. 어떤 일을 하고 싶다는 욕구보다 부모님에게 인정받지 못한 괴로움이 더 클 때, 결정의 기준을 후자에 두는 게 맞을까요?

자신을 위해 용기를 내보세요
---
by. 다정한 흑염룡

안녕하세요, 북극곰님. 사연을 읽으면서 저의 절친 홍홍이가 생각났습니다. 어렸을 적부터 공부도 잘하고 똑부러져서 부모님의 기대를 한 몸에 받았던 친구는, 그림을 그리며 자기만의 길을 가면서 북극곰님과 비슷한 고민을 한 적이 있어요. 이 글을 쓰는 중에 홍홍이가 연락을 해왔길래 상담을 의뢰하였습니다. 홍홍이는 멋진 답변을 들려주었어요. 아래는 통화 내용을 토대로 정리한 글입니다.

돈 못 버는 일만 좋아라 하는 나와 친구들을 위한 이야기

"북극곰님의 고민이 너무 이해가 돼. 나도 여전히 고민이거든. 두 가지 욕구 모두 정당한 게 우리가 어렸을 때는 부모님의 기대에 맞춰서 사랑받고 인정받고자 하는 게 당연하잖아. 이제는 스스로 책임질 수 있는 성인이 되었으니까 내가 원하는 길을 가고 싶어 하는 욕구가 있는 것도 맞아. 나의 욕구를 따라가려면 부모님의 기대에 맞추려는 욕구에서 벗어나야 하고, 그게 진짜 자립이잖아. 사연을 읽다 보면 자책하진 않을까 염려가 되기도 해. 나를 지금껏 키워준 부모의 기대를 저버린다는 데서 죄책감을 느끼는 건 아닐까 싶어서.

북극곰님이 설명하기 어렵고 돈도 못 버는 일만 골라서 하는 것도 꼭 내 얘기 같아. 아, 너도 그렇다고? 그래서 우리가 친구인가보다, 하하. 나는 이렇게 생각해. 내가 좋아하는 일로 돈을 잘 벌 때는 부모님 앞에서 당당했다가 돈을 못 벌 때는 위축되기도 하거든? 하지만 일에 대한 내 마음은 변하지 않아. 나는 여전히 그림을 그리는 게 재미있어. 남들처럼 돈을 많이 벌지는 못해도 그 사람들이 놓치는 뭔가를 나는 지키고 있다는 확신이 있거든. 사연자분도 이제는 결정을 해야 할 때인 것 같아.

다행인 것은 북극곰님이 하고 싶어 하는 일이 있다는 거야. 자기가 뭘 하고 싶은지도 모르는데, 부모님이 좋아할 것 같다는 이유로 나에게 의미 없는 일을 계속하면 너무 괴로울 것 같아. 부모님의 기대를 알면서도 지금껏 나의 욕구를 놓치지 않은 것이 이분이 가진 내면의 힘이야. 이걸 강조해줬으면 좋겠어. 나는 이분에게 이런 말을 해주고 싶어.

당신은 힘이 있는 사람이다, 대단한 사람이다, 하고 싶은 게 있다는 게 대단하고, 부모님의 압력을 거스르고 꿋꿋이 버텨온 것 자체가 멋지다고 말이야. 어떤 일이든 순수하게 좋아하는 마음이 있어서 그 일을 파고 또 파다 보면, 가능성이나 비전을 발견할 수 있어. 지금은 아무도 모르지, 그 땅속에 뭐가 있는지.

실망스러워하는 부모님의 모습을 때로는 못 본 척하고 좋아하는 일을 계속하는 것도 용기야. 내가 좋아해서 정성스레 가꿔온 세계를 지켜나가다 보면 언젠가 자리를 잡게 될 거고, 일정 궤도에 올라가게 될 거야. 그러면 돈을 떠나서 이 사람한테서 느껴지는 뭔가가 있을 거야. 누구도 방해할 수 없는, 단단한 무언가가 내면에 생겨. 부모님도 그걸 반드시 알게 될 거야.

장기전으로 가야지. 불필요한 데 에너지 쏟지 말고 좋아하는 일에 몰두하면서 자기가 선택한 길을 간다는 자체에서 행복을 느꼈으면 좋겠어. 중간에서 고민하고 애매모호한 모습을 보이기 때문에 부모님이 걱정하는 것일 수도 있거든. 내가 심지를 굳히고 내 갈 길을 가다 보면 부모님은 어느 순간, 저 아이가 행복하게 살고 있다는 걸 느끼게 될 거야. 그러기 위해서는 외롭더라도 자기 자신과의 싸움을 시작해야 해. 지금이 그때인 것 같아. 북극곰님한테 힘내라고 얘기해주고 싶다."

나만의 꽃밭을 정성스레 가꾸다 보면

홍홍이와 저는 스무 살 때부터 친구였어요. 그림을 그리는 홍홍이, 글을 쓰는 저는 '돈 안 되는 길을 가는 사람'인 동시에 '좋아하는 일을 끝까지 고집하는 사람'이라는 공통점이 있었네요. 북극곰님과 비슷한 이슈로 저도 엄마와 대판 싸운 적이 있습니다만 그냥 이렇게 생각하기로 했습니다. 엄마는 엄마의 인생을 살고, 나는 나의 인생을 살 뿐이라고요.

부모님이 인정해주지 않아도 괜찮습니다. 주변을 둘러보면 북극곰님을 지지해주는 사람들이 있을 거예요. 무엇보다 나 자신이 알잖아요. 어떤 마음으로 지난 시간을 버텨왔는지 말이에요. 그 시간들이 당장은 어둠 속에 묻혀 있더라도 언젠가 빛을 발할 날이 올 거라고 믿어요.

북극곰님은 결정의 기준을 어디에 둬야 하는지 물으셨지만 실은 이미 답을 내리신 것 같아요. 필요한 것은 그 길을 걸어갈 용기 아닐까요? 이 사연에 대한 답으로 용기만 백 스푼 넣어드립니다. 북극곰님이 자기만의 길을 성큼성큼 걸어가기를, 홍홍이의 마음까지 더해 응원합니다!

엄마가 자꾸 저한테 서운하다는데

부모님의 갱년기, 정말 답 없을까요?
---
by. 중재

갱년기 부모님과 함께 사는 청년과 선배 들에게 고민을 여쭙니다. 저희 부모님이 50대 후반에 접어드시며 부쩍 짜증과 서운함이 많아지셨어요. 서로에게 서운함을 느낄 때도 있는데, 자녀들에게 서운함을 느낄 때도 있다고 직접 얘기하셔서 적지 않게 당황했습니다. 심술 가득, 대문자 F가 되어버린 부모님을 이해하고 싶어요.

갱년기를 맞이한 부모님과 어떻게 공존하고 살아갈 수 있을까요? 부모님의 갱년기, 이거 정말 정답이 없는 걸까요?

답 없다는데요? (삐질)

by. 독 없는 독심술사

"없어. 없어. 답 없어!"

안녕하세요, 중재님. 고민의 답을 구해보려고 갱년기를 경험한 저희 엄마와 엄마 친구분에게 여쭤봤는데요. 대번에 얘기하시더라고요. "답 없다."라고. 하하….

"어휴! 속에서 불이 화르르 올라와서 얼음을 아무리 씹어도 안 가라앉고, 내가 왜 이러는지 모르겠어."

질문을 하나 던졌는데, 너나 할 것 없이 경험담을 와르르 쏟아내시더라고요. 덕분에 저는 자진해서 갱년기 미로에 갇혀버렸습니다.

저는 수프 상담소에서 '공감'을 담당하고 있는데요. MBTI도 때에 따라 조금씩 바뀐다지만, 저에게는 고정값처럼 변하지 않는 게 있어요. 네, 맞아요. F입니다. 사고형 T보다는 감정형 F에 가까운 저는 타인의 이야기에 공감을 잘하는 편이에요. 이런 저도 정말 이해하기 힘들었던 게 바로 '부모님의 갱년기'였습니다. 그래서 사연자님이 얼마나 힘드신지 정말 이해합니다. 아니, 그러니까 왜 저한테 화르르 불을 내시는 건지…. 사춘기 아이가 되어버린 부모님 때문에 아직 결혼도 안 했는데 벌써 부모가 되어버린 기분을 여러 번 느꼈습니다.

T엄마가 말해주는 F갱년기란?

엄마 친구분들의 하소연을 듣고 있는데, 저희 엄마가 조용히 입을 여시더라고요.

"갱년기에 도움되는 약을 사주면 그게 최고야."

"음? 약이요?"

처음에는 엄마 말을 듣고 '엄마 T야?' 하고 우스갯소리를 하며 놀렸는데요. 오히려 엄마가 얘기하고 싶었던 건, 다름 아닌 공감이더라고요. 엄마는 약을 챙겨준다는 건 '당신이 얼마나 힘든지 알아요.', '지금 당신의 상황을 이해하고 있어요.'라는 의미라고 다시 짚어주셨어요. 생각해보니 진짜 그렇더라고요. 우리도 아플 때 누군가 보살펴주고 약을 챙겨주면 그것만으로도 위로가 되잖아요? 갱년기도 '세월로 인해 겪는 아픔'이기에 주변의 작은 보살핌, 관심이 위로가 되는 것 같았어요. 그동안 갱년기를 경험해보지 않았다고 너무 어렵게 생각한 게 아닌가 싶었습니다.

그렇게 엄마와 이런저런 얘기를 나누다가 문득 악영향을 주는 말도 있는지 궁금하더라고요.

"있지. '그 나이 때는 원래 다 그래.' 하고 말하면 정말 서운하지."

'힘든 거 다 똑같다', '왜 혼자 유난이냐' 이렇게 자신의 힘듦을 비교하고 판단하는 말을 들으면, 냄비 물이 끓어 넘치는 것처럼 감정이 폭발한다고 엄마 친구분들이 덧붙여 주셨어요. 근데 어쩐지 어디서 많이 들어본 말 같지 않나요? 하하. 맞아요, 우리가 사춘기 때 어른들이 쉽게 내뱉던 말이죠. 솔직히 저 말들이 서운하다고 말씀하실 때 '입장이 바뀌니 좀 어떠세요?' 하고 얘기할 뻔했지 뭐예요. 하지만 갱년기로 속에 뜨거운 폭탄을 하나씩 안고 계셨던 터라, 하고 싶었던 말을 삼키고 배운 대로 했어요.

"아유, 뭔지 알죠. 정말 힘드셨겠다."

하하….

답은 없지만 이해 못할 감정도 없다

두 번째 이야기로 돌아온 「인사이드 아웃2」 보셨나요? 이번 편에서는 감정 컨트롤 본부 안에 새로운 감정이 들어오면서 라일리와 감정 친구들이 격동을 경험하는 이야기가 전개되는데요. 이야기는 쓸모없는 경험도, 필요 없는 감정도 없다는 걸 일깨워줍니다. 또 동시에 사람이라면 누구나 비슷한 감정을 가지고 있다는 걸 보여주죠.

부모님의 갱년기, 답은 없지만 공존할 수 있습니다. 왜냐하면 우리 모두 가지고 있는 감정이니까 이해할 수 있거든요. 그것을 이해하는 데 노력이 필요하고, 속이 답답할 수도 있어요. 아무리 가족이고 부모님이어도 나와는 다른 사람이니까요. 지금 이 시기가 조금 힘겹게 느껴질 수 있지만, 어쩌면 서로가 꼭 한 번씩 거쳐야 하는 쓸모 있는 경험이지 않을까 싶어요. 언젠가 우리도 부모님과 같은 시기를 지나게 될 테니까요.

중재님의 고민이 바로 제 고민이기도 했는데요. 이번 기회로 부모님께 직접 여쭤보면서 깨달은 게 있었어요. 갱년기를 너무 특수하게 또 어렵게 생각하지 않아도 된다는 것. 증상이나 정도의 차이는 있겠지만 이해할 수 있는 감정이고 또 이해가 필요하다는 것. 그러니 너무 어려워 마시고, 저희 엄마의 조언처럼 약을 건네며 따뜻한 관심을 주고받으면 어떨까요? 그럼 이 시기를 완만하게 지나갈 수 있지 않을까 싶습니다. 같은 고민을 하는 동지로서 잘 지나가봐요. 저는 이제 엄마 약을 주문하러 가봅니다. 총총.

가족이라는 '자연재해' 앞에서

(부모)님아, 그 손을 잡지 마오

by. 쿠크다스

저희 부모님은 주변 사람들에게 세상 착하다는 말을 듣는 분입니다. 하지만 제 고민이 바로 그거예요.

누가 봐도 이용하려 드는 건데, 웃으며 기꺼이 손을 잡아요. 그래서 사기를 당한 건 열 손가락도 모자라고, 구설수에 휘말리거나 지인으로부터 뒤통수를 맞은 건 손발을 다 동원해도 모자랄 지경입니다. 그래서 매일 불안해요. 오늘은 다단계 물건을 사지 않으셨는지, 비싼 보험에 드신 건 아닌지…. 하지만 그걸 계속 걱정하고 있는 것도 지치고, 감시하다시피 물어보는 제 자신도 싫습니다.

"문제가 생기면 같이 고민하고 논의할 수 있어요. 하지만 해결은 본인들이 해야 하는 거예요." 하고 말했지만, 상황이 급박해지면 제가 나설 수밖에 없는 현실입니다. 이것 때문에 시간도, 돈도,

에너지도 매일 쪼들려요. 무엇보다 제일 싫은 건 부모님에게 잔소리하고 있는 제 자신의 모습입니다. 기름종이, 화선지보다 얇은 부모님의 귀를 어떻게 하면 좋을까요?

(사연자)님아, 그 손을 잡지 마오

by. 다정한 흑염룡

사연을 읽으면서 쿠크다스님이 부모님의 보호자 역할을 하고 있다는 인상을 받았어요. 오늘은 부모님이 누구한테 사기를 당하지 않을지, 비싼 물건을 사지는 않을지, 구설수에 휘말리지는 않을지 걱정하는 모양이 마치 물가에 내놓은 아이를 염려하는 것처럼 보이네요. 이 험난한 세상에서 저 착한 사람이 어떻게 살아갈지 염려되고, 경제적인 손해를 보거나 관계에서 상처받을 때마다 나서서 해결해줘야 하는 보호자의 고충이 느껴집니다.

그런 일을 미연에 방지하기 위해 매사 안부를 확인하고 잔소리해야 하는 쿠크다스님은 속으로 얼마나 불안할까요? 시간도, 돈도, 에너지도 쪼들린다고 하는 것을 보니 본인이 감당하기 어려운 수준으로 부모님의 안위를 돌보고 있는 것이 아닌가 하는 생각이 듭니다. 자식으로서 보호받기보다는, 부모의 보호자 역할을 해야 하는 현실이 버거우실 수도 있겠어요. 부모님이 다단계나 보이

스피싱 같은 일에 지속적으로 연루되어서 생활이 어려워지고, 이를 해결해주느라 내가 내 생활을 제대로 영위하지 못할 수준이라면 어떻게 해야 할까요? 인연을 끊고 어디 도망갈 수도 없고 정말 난감할 것 같아요. 나를 보호하면서도 부모님을 적당히 돌보며 건강한 관계를 유지할 수는 없는 걸까요?

공동의존증(Codependence)을 아시나요?

쿠크다스님의 사연을 읽으면서 웹툰 「도박 중독자의 가족」이 떠올랐습니다. 이 웹툰에는 작가가 도박 중독자의 가족으로서 경험한 이야기가 담겨 있습니다. 작가는 결혼 후 시동생이 도박 중독이라는 걸 알게 됩니다. 아들의 주식 실패로 전 재산을 잃은 시어머니는 며느리인 작가한테 전화해서 매일같이 괴로운 심정을 토로하는데요, 이 때문에 작가 역시 정서적으로 큰 스트레스를 받으며 상담을 받기에 이릅니다. '공동의존증'이란 병명을 알게 된 것도 정신과 상담 장면에서였죠.

공동의존증이란 거칠게 말하자면, 중독자와 자신을 분리하지 못하고, 중독자의 행위에 따라 감정이 출렁이며 일상생활을 유지하기 어려울 정도로 크게 영향받는 것을 말합니다. 특히 가족이 경제 공동체로 똘똘 뭉쳐 살아가기를 권하고, 경제적으로 제기할 수 없는 수준에 이르러서야 복지 제도의 혜택을 받을 수 있는 한국 사회에서는 이런 경우가 흔한 것 같아요.

병이 나면 의사를 찾아가야 합니다. 가족 내에서 돌봄으로 문제를 해결하는 데에는 한계가 있고, 어떤 문제는 외부 전문가의 도움을 받아야만 치료할 수 있으니까요. 도박 중독이 그런 경우입니다. 도박 중독에 빠진 사람은 스스로 그 행위를 중단할 수 없습니다. 집안의 모든 자원을 블랙홀처럼 빨아들인 다음, 더 이상 경제적으로 착취할 대상이 없어진 후에는 가족에게 빚을 지게 만들어서라도 도박장으로 가거든요. 가족으로서 공동으로 이 운명을 짊어지지 않으려면 반드시 거리를 둬야 합니다. 그렇지 않으면 함께 경제적 파멸까지 찍고 나서 인연을 끊는 수순으로 가기가 쉬워요.

공동의존증은 비단 도박 중독자의 가족뿐만 아니라 알콜의존증 등 가족 내의 역기능적인 구성원과 밀접한 관계를 맺고 있는 사람이라면 누구든 겪을 수 있다고 합니다. 포털 사이트에서 '공동의존증'을 검색해보세요. 어쩌면 쿠크다스님의 상태는 공동의존증까지는 아닐 수도 있겠습니다만, 공동의존증에서 벗어나 회복하기 위한 조언은 당신에게 도움이 될 것 같아요. 그것은 거리 두기, 일일이 반응하지 않기, 희생을 그만두기, 자신을 사랑하기, 제대로 분노하기 이 다섯 가지인데요, 이중 거리 두기를 실천해보면 어떨까요?

나의 행복을 우선순위에 둘 것

★별 땡땡 다섯 개★

한 가지 물어보고 싶습니다. 쿠크다스님은 무리해서라도 부모님의 문제를 해결해주려 하는데, 자기 자신은 누가 돌보고 있나요? 부모가 됐든, 형제가 됐든, 친구가 됐든, 애인이 됐든 그 누구도 당신의 행복을 방해하도록 내버려둬서는 안 됩니다. 일단은 나를 사랑하고 아끼고 돌봐줘야 해요. 그 어떤 상황에서도 나의 행복을 최우선으로 둬야 합니다.

당신은 자식입니다. 부모가 아니에요. 무엇보다 우리는 서로에게 타인일 뿐입니다. 누구도 상대를 바꿀 수 없습니다. 아무리 사랑하는 사이라 하더라도, 우리는 타인을 대신해 일상을 살아줄 수 없어요. 매순간 선택은 자기 자신이 내리는 것입니다. 부모님이 화선지처럼 귀가 얇아서, 너무 착해서, 바보 같은 선택을 한다 하더라도 그에 대한 책임은 오롯이 부모님이 져야 합니다. 성인이잖아요. 가족 구성원이니 반드시 경제적으로 도와줘야 한다는, 고난에서 구해내야 한다는 의무감에서 벗어났으면 합니다. 힘들면 그만해도 괜찮아요.

쿠크다스님이 사연 제목에 '(부모)님아, 그 손을 잡지 마오.'라고 쓰셨는데요, 제가 들려드릴 답변도 이와 같습니다. 도움을 청하는 부모님의 손을 잡지 마세요. 지금까지 한 걸로 충분하지 않을까요?

무리하지 말고 우리는 자식으로서 스스로의 행복을 찾아가자고요. 단호하게 답변을 하는 것이 당신에게 상처를 줄까 봐, 거리 두기가 필요하다는 사실을 알지만 이를 실천하지 못하는 자신을 탓할까 봐 염려됩니다. 하지만 그만큼 필요한 말이라는 생각이 들어 실례를 무릅쓰고 답변을 남겨 봅니다. 쿠크다스님이 부디 자기 자신을 돌보는 선택을 하기를 진심으로 응원합니다.

돌봄에도 돌봄이 필요해

시부모님이 가까이 사시는데….
by. 수줍도치

 이제 막 백일 된 아기의 엄마입니다. 첫 아이라 모든 게 낯설고, 어려운 것투성이예요. 누구든 도와주는 손길이 있으면 그저 반갑습니다. 그게 시댁일 때는 얘기가 좀 다르지만요.

 친정보다는 시댁이 집이랑 가까워요. 아이가 태어나기 전에는 이렇게 자주 오시지 않았는데, 아이가 태어난 후로는 시부모님이 일주일에 두세 번씩 찾아오세요. 아이를 예뻐해주시는 것도 좋고, 잠깐이라도 아이를 돌봐주시는 것도 감사하죠. 그런데 저는 시부모님이 그다지 편하지 않거든요. 제가 이런 불편함을 말했는데, 남편은 그저 알았다고만 해요. 뭐가 알겠다는 건지…. 이참에 아이를 시부모님에게 맡기고, 남편이랑 데이트라도 해보자 싶어서 남편에게 말했거든요. 그랬더니 남편은 어떻게 부모님에게 애를 맡기고 우리만 홀랑 놀러 가느냐고 그러는 거 있죠? 너무 화나고 억울해서 휙 나와버렸어요. 그런데 저도 시부모님이 아이를 봐주시면 뭔가 해드려야 할 것 같아서 신경 쓰여요. 시부모님이 오시는 것도 불편하고, 저 홀로 독박육아를 하는 것도 두려워요.

이것도 저것도 싫은 저, 어떻게 하면 좋을까요?

돌봄의 기회를 나눠주세요

by. 다정한 흑염룡

안녕하세요. 수줍도치님. 두 살 난 아이를 키우고 있는 다정한 흑염룡입니다. 같은 애기 엄마로서 반갑네요. 백일 된 아이를 돌보고 있다니 잠도 제대로 못 자고 힘드시겠어요. 그 무렵에 저는 제정신이 아니었어요. 애기 토가 덕지덕지 묻은 빨랫감이 산더미처럼 쌓여 있고, 냉장고에는 먹을 것도 없고, 집은 난장판이고, 온몸이 쑤신데 잠도 푹 잘 수 없고…. 이럴 때 맘 편하게 기댈 수 있는 친정 부모님이 근처에 살면 좋겠지만 그런 사람이 얼마나 되겠어요.

사연자님의 고충이 눈앞에 선히 그려집니다. 내 몰골도, 집 꼴도 말이 아닌데, 시부모님은 문을 두드리고…. 아이를 마주하는 시부모님 얼굴은 환해지지만, 나는 무슨 말을 해야 할지 모르겠고, 사회성을 발휘할 만한 기력도 남아 있지 않고, 친정 엄마라면 애 맡기고 나는 침대에 기어들어가서 30분이라도 자고 싶은데, 그럴 수도 없고 좌불안석이겠지요. 시부모님한테 아이를 맡기고 오랜만에 데이트 좀 하자는 걸 남편이 거절하셨다니, 얼마나 야속하셨을까요. 다들 눈은 아이를 향해 있고 아이를 돌보는 엄마의 욕구는 살펴주지 않으니, 화도 나고 서운하셨을 것 같아요. 어떻게 하면 이런 상황에서 벗어날 수 있을까요? 시부모님이 불편하긴 하지만 홀로 육아를 하기는 두렵다면, 어떤 선택지가 남아 있는지 생각해봅니다.

돌보는 사람의 마음은 누가 돌보나

사연자님도 엄마가 처음인 만큼, 남편분도 아빠는 처음이기에 모르는 게 많을 거예요. 여성에게만 출산휴가가 보장되고, 남성은 선택적으로 육아휴직을 쓰는 상황에서 많은 남성이 주양육자로서 아이를 돌보는 경험을 하지 못합니다. 저 역시 주양육자로 지내면서 남편이 돌봄에 관한 기초적인 것도 모른다는 사실에 화가 나서 싸운 적이 한두 번이 아닙니다. 아무것도 모르는 상태에서 부모가 되는 것은 똑같은데, 나만 혼자 육아의 전문가가 되어가는 현실, 그리고 이런 내 마음을 남편이 헤아려주지 못한다는 사실이 억울하고 화가 나더라고요.

숱한 전투 끝에 깨달은 것은 기대를 내려놔야 한다는 것입니다. 남편도 잘 모릅니다. 자기가 아빠로서 무엇을 해야 하고, 아들로서 어떤 역할을 해야 하는지 말입니다. 이럴 때는 주양육자로서 핸들을 쥔 나의 욕구가 명확해야 해요. 제가 파악한 바로는 이렇습니다.

첫째, 시부모님과 함께 있는 것이 불편하다.
둘째, 혼자 육아를 감당하고 싶지는 않다.
셋째, 남편하고 함께 시간을 보내고 싶다.

이런 경우에 취할 수 있는 선택지를 고려해봅시다.
첫째, 집에 시부모님이 오셨을 때 아이를 맡기고 남편과 함께 데이트 나가는 것. 남편이 여기에 대해서는 거절하셨는데, 좀 더 구체적으로 대화를 해보시길 바라요.

아이를 돌봐줄 시부모님이 집 근처에 사신다는 것은 정말이지 축복입니다. 시부모님하고 아직 친하지 않아서 이런저런 부탁을 하고 요구하는 게 어렵다는 것은 십분 이해합니다. 저도 그랬거든요. 이럴 때는 남편분이 중간에서 적극적으로 가교 역할을 해줘야 해요. 부인의 어려움과 욕구를 이해하고, 부모님한테 이를 공유하고, 조율해줘야 합니다. 남편분이 이 역할을 하는 데 서툰 면이 있으신 것 같아요. 하지만 포기하지 마세요. 남편하고 적극적으로 소통하면서 본인이 원하는 바를 명확하게 제시해보세요. 상대의 이야기도 끝까지 들어보시고요.

예를 들어 남편이 "애를 맡겨놓고 어떻게 우리만 나가."라고 했을 때 그 이유를 물어보세요. '우리'만 나가면 무슨 일이 벌어질 것 같은지, 시부모님이 아이를 돌보는 것은 어렵다고 직접 말씀하신 것인지, 아니면 남편 혼자 지레짐작해서 부인도 쉬지 못하고, 조부모가 손주를 돌볼 기회를 빼앗는 것은 아닌지 말이에요.

남편이 '남의 편'인 것 같아서 야속하고 이런 것까지 내가 구구절절 설명해야 하나 싶겠지만 그래도 끝까지 말해야 해요. 서로의 입장 차이를 확인하고, 부모님의 생각도 들어봐야 해요. 이 과정에서 중요한 것은 갈등, 충돌을 회피하지 않는 태도입니다. 대화를 시도하다 보면 감정이 더 상할 수 있어요. 그래도 입을 다물지 않고 감정을 표현하며 생각을 투명하게 꺼내놓아야 합니다. 그래야 의사 결정을 하지요.

가족이 아니라 업무 파트너라고 생각해보세요. 업무 상황을 공유하고, 가능한 선택지를 나열하고, 상대의 의사를 확인한 다음, 결정하고 실행하는 거예요. 이후 관계자들의 피드백을 반영하며 돌봄의 체계를 조율하고요. 시부모님도 불편하지만 도움을 받을 수 있는 업무 파트너라고 생각해보세요. 어려운 사이라도 할 말은 해야겠지요. 회사에서 상사 대하기 어렵다고, 동료가 까다롭게 군다고 할 말을 삼키면 어떻게 되겠어요. 나만 독박 쓰고 야근하는 거예요. 그러니 목소리를 내세요. 나를 위해 1인 노조를 만드세요. 내가 입 닫고 가만히 있으면 아무도 움직여주지 않아요. 왜냐하면 다들 엄마가 알아서 잘하고 있는 줄 알거든요. 그렇게 믿는 편이 편하기도 하고요.

둘째, 시부모님이 방문하셨을 때 남편과 아이를 놓아두고 나만 밖에 나가는 것. 이미 이 선택지는 실행을 하셨더라고요. 아주 잘하셨습니다! 화가 나서 휙 나왔다고 하셨는데, 이제는 시부모님이 오시면 남편이 따라 나오든 말든 혼자 집 밖으로 나오세요. 커피를 한 잔 마셔도 좋고, 산책을 해도 좋고, 영화를 보러 가도 좋고, 친구를 만나도 좋겠지요. 뭐든 좋습니다. 남편이 원한다면 시부모님과 함께 셋이서 아이를 돌볼 기회를 주세요. 그렇게 몇 번 반복하다 보면 엄마 없이도 아이가 잘 지낼 수 있다는 걸 모두가 알게 될 거예요. 그러다 보면 남편도 할머니, 할아버지한테 애를 맡겨도 되겠다는 확신이 들지 않을까요? 시부모님도 아이를 돌보는 데 점점 자신이 붙을 테고요.

셋째, 시부모님 집에 아이를 데리고 가서 맡기는 것입니다. 산책도 할 겸 아이를 데리고 슬슬 놀러 가보세요. 유아차를 밀고 가도 좋고, 운전이 가능하다면 카시트에 태워 가도 좋습니다. 가서 시부모님한테 인사하고 얘기 좀 나누다가, 몇 시간 뒤에 오겠다고 하고 돌아오세요. 남편이 퇴근한 뒤에 같이 시집에 가서 저녁을 먹고 와도 좋겠네요. 이렇게 하다 보면 사연자님도 숨통이 좀 트이고, 시부모님도 편한 환경에도 손주를 돌봐줄 수 있고, 남편도 부모님과 함께하는 시간이 늘어나서 좋지 않을까요? 아이는 할머니, 할아버지한테 사랑을 듬뿍 받을 수 있어 더욱 좋고요!

돌봄의 체계를 구축하는 법

아이를 키우는 데는 마을이 필요하다는 말이 있잖아요. 그러나 아시다시피 한국 사회에는 마을이 없습니다. 이럴 때 주양육자가 할 수 있는 최선은, 내가 아니더라도 아이를 돌봐줄 제2, 제3의 보조 양육자를 구하고 돌봄의 체계를 스스로 구축하는 것입니다. 필요하다면 시장의 도움을 받을 수도 있고요, 지자체의 돌봄 정책도 꼼꼼히 찾아보세요. 출산 직후에 산모의 집으로 방문해서 아이를 돌봐주는 '산후 도우미'는 이미 경험해 보셨겠지요.

타인을 믿고 의지하려면 용기가 필요합니다. 아마 첫 아이라서 사연자님도, 남편분도 그게 어려우신 것 같아요. 시부모님을 믿어보세요. 조금은 뻔뻔해질 필요도 있어요. 철판 깔고 앉았다 생각하고, 내게 필요한 것을 정확히 또박또박 얘기해보세요. 어렵겠지만 그게 가족이 되어가는 과정이라고 저는 생각합니다.

참고로 저는 격주로 주말에 시부모님 집에 아이를 맡기고 있습니다. 아이 혼자 1박 2일 동안 시집에 머물다 오는데, 그 시간에 누리는 여유가 꿀맛입니다. 남편도 저도 이 시간만을 기다리며 2주를 버틴답니다. 이렇게 1년을 지내고 나니 아이는 할아버지, 할머니를 무척 따르게 되었어요. 돌봄의 대가로 시댁에 매달 소액이나마 보내드리고 있고요.

참, 서울에 사신다면 아이가 24개월이 되면 36개월까지 '조부모 돌봄 수당'을 신청할 수 있다는 것도 잊지 마세요. 사촌 이내의 친인척이 영유아를 돌봐주면 서울시에서 한 달에 15~30만 원까지 지급해준다고 하네요. 자세한 내용은 서울시의 '몽땅 정보 만능키' 사이트에서 찾아보실 수 있습니다.

한국 사회는 돌보는 사람을 돌보는 데 아직 인색한 것 같아요. 돌보는 사람이 고갈되지 않으려면 스스로 목소리를 내는 수밖에 없더라고요. 알아서 좀 해주면 좋으련만 아직 갈 길이 먼 것 같아요. 돌봄의 체계를 구축하는 그날까지 우리 함께 투쟁합시다. 투쟁! 목소리도 내고 돈도 쓰고 엄마인 나를 보살피기 위해 할 수 있는 건 뭐든 다 해보자고요. 부디 자기 자신을 위해 오아시스 같은 시공간을 찾으시길 기원합니다.

홀로서기를 위한 의존의 기술

여자 혼자 사는 건 참 어려운 일 같아요

by. 독립쪼랩

 안녕하세요. 가족들과 떨어져 자취를 시작한 20대 여성입니다. 서울살이가 처음인데 모든 게 낯설어요.

 저는 빌라에 살고 있는데, 며칠 전에 아랫집 남자가 소음 문제로 저를 찾아와서 일방적으로 화를 내고 돌아갔습니다. 사실 저는 폐를 끼치지 않으려고 집 안에서도 슬리퍼를 신고 돌아다니고, 밤에는 세탁기도 안 돌리고, 유튜브도 크게 안 듣거든요. 제가 사는 빌라 자체가 소음에 취약해서 아래, 위, 대각선으로 온갖 소리가 다 들려요. 거의 기숙사 수준이에요. 그날도 제가 낸 소리가 아니라 다른 집에서 들린 소리가 틀림없거든요? 제가 아니라고 해도 이 남자는 막무가내로 저한테 화를 쏟아내는데, 너무 무섭고 당황스럽고 억울해서 말 한마디 제대로 하지 못했습니다. 부모님도 멀리 계시고, 이런 일이 있을 때 달려와줄 어른이 주변에 없어서 막막하네요.

여자 혼자 산다고 무시하나, 아는 사람 중에 마동석 닮은 오빠가 있는데 그 오빠한테 부탁해서 아랫집 찾아가서 뭐라고 해줘야 하나, 별의별 생각이 다 들어요. 앞으로 또 이런 일이 생기면 어떻게 대처해야 할까요. 막막하고 두렵네요.

지금 달려가도 괜찮을까요?
by. 친절한 T

안녕하세요, 독립쪼랩님의 사연을 듣고 공감이 많이 되었어요. 동시에 여러 대처 방안이 떠오르는데요, 천천히 이야기를 풀어보도록 할게요.

먼저 제 얘기로 시작하면요. 저는 서울에서 독립해서 산 지 거의 10년 정도 되었어요. 돌아보니 매순간 긴장하면서 눈을 동그랗게 뜨고 살았더라고요. 가족들과 살 때는 몰랐던 일상의 작은 소리 하나에도 예민하게 반응한 나날이었어요. 계단 발자국 소리, 배달원의 목소리 하나하나에도 신경을 썼죠. 나름 대범한 성격을 가지고 있다고 생각했는데 여자 혼자 산다는 것은 만만치 않은 일임을 깨달았어요. 그래서 사연을 읽으며 참 많은 생각이 들었습니다. 어떤 이야기를 먼저 들려드려야 할까 말이죠.

당신을 도와주고 싶은 언니들의 회의

아랫집 남자가 소음 문제로 찾아와 막무가내로 화를 냈다는 소리를 들었을 때 주먹이 불끈 하면서 저라도 쫓아가서 항의하고 싶은 마음이 굴뚝 같았어요. 사연을 놓고 어떻게 답변해야 할지 머리를 맞대고 회의할 때, 제가 가장 먼저 내뱉은 말은 "지금 제가 달려가도 괜찮을까요?"였답니다.(웃음) 그러다 문득 이런 생각에 다다랐습니다.

다른 사람이 이 문제를 해결해주는 게 맞는 걸까?
남성을 대동해서 문제가 해결되면 정말 통쾌한 일일까?

사연자님 말처럼 '아는 오빠'를 불렀다고 가정해봅시다. 그가 와서 아랫집 남자를 혼내준다면 무엇이 달라질까요? 만약 그의 등장만으로 아랫집 남자가 조용해진다면 잠깐은 기쁠 수 있을 거예요. 그런데 조금만 더 생각해보면, 앞으로 비슷한 상황이 발생하면 힘센 남성이 다른 남성을 힘으로 누르는 걸로 문제를 해결해야 한다는 걸 의미하는 건 아닐까요?

제가 그런 상황을 경험한다면 잠깐은 통쾌하겠지만 어쩐지 뒷맛이 구리고 씁쓸한 감정이 길게 남을 것 같아요. 이 문제는 아래 물음에 대한 답을 찾아가는 과정이 아닐까 하는 생각이 들었어요.

여성으로서 나는 어떻게 독립해서 살아갈 것인가?

누군가가 문제를 해결해주는 게 아니라, 앞으로 나를 지키면서 사는 방법은 무엇일까?

남성의 존재로, 힘의 크기로 문제를 해결하는 것보다 어쩌면 우리에게는 스스로 문제를 해결해보는 경험이 필요한지도 모르겠어요. 그것이 자신을 수동적 존재로 위치시키지 않는 유일한 방법일 테니 말이에요.

저도 혼자 사는 게 두렵고 막막한 순간에 '나이 많고 덩치 큰 남성'이 곁에 있으면 편하겠다고 생각한 적이 있었어요. 이사하는 날 남성에게 도움받은 적은 있지만, 앞으로 정말 독립해야 한다면 이렇게 살 수는 없다고 마음먹었던 기억이 떠올랐습니다. 저는 주변 사람들에게 조언을 구하고 사회 안전망과 제도 등을 찾아가면서 나 자신을 스스로 지킬 수 있다는 자신감을 서서히 갖게 되었습니다. 이번 기회를 통해 사연자님도 자신을 지키고 보호하는 방법을 찾아가면 좋겠습니다.

독립을 위한 네 가지 솔루션

독립쪼랩님의 상황, 어떻게 해결할 수 있을까요?

첫 번째, 친한 지인이나 주변의 믿을 만한 사람에게 이 사실을 알려보세요. 혼자 생각하면 점점 불안해지고 마음만 조급해지거든요. 문제를 공유하면서 현실적 조언도 받고, 그러면서 상황을 차근차근 판단하고 나면 오히려 걱정이 줄어들 거예요. 만에 하나 위험한 순간이 생기면 대신 신고해주거나 간접적으로 보호해줄 수도 있겠죠.

두 번째, 아랫집 남자를 되도록이면 직접 마주하지 마세요. 이야기를 해야 한다면 '공개된' 혹은 '사람들이 지나다니는 곳'을 선택하세요. 위험에 처할 경우 언제든 다른 이에게 알릴 수 있도록 말이에요.

세 번째, 정중하지만 단호하게 본인의 의사를 표현해보세요. 감정적으로 자극하지 않는 선에서 사실 관계만 전달하는 거예요. 예를 들면 이렇게 말할 수도 있겠죠. "지난번에도 말씀드린 것처럼 저는 소음을 낸 적 없는데요. 오해가 있으신 것 같아요. 죄송하지만 욕하시거나 화내시면 더 이상 대화할 수가 없습니다." 이때 영상 녹화나 음성 녹음 등의 방법으로 현장 기록을 남기는 것도 본인을 지키는 방법이 되겠네요.

네 번째, 공적으로 도움을 청해보세요. 집주인에게 이 사실을 알리는 방법도 있습니다. 소음 문제 제기로 신변에 위협을 느낀다면 112 문자 신고도 고려해보세요. 사실 경찰에 신고하는 것은 부담스러워서 저도 최근까지는 시도해본 적이 없었는데, 경찰인 친구가 문자 서비스 제도를 알려줘서 종종 이용하곤 합니다. 신고할 때 신원이 드러나지 않도록 미리 의사를 밝히고 간편하게 문자로 신고할 수 있으니 참고하시길 바랍니다.

관계의 망이 울창한 숲이 되는 그날까지

제가 드리는 조언이 정답이 아닐 수도 있어요. 하지만 이점을 기억해주세요. 살다보면 더 힘든 순간이나 어려운 일을 마주할 수 있잖아요. 그런 순간에 주변에 도움을 청하되, 사회 안전망을 적극 알아보고 이용하면서, 스스로 해볼 수 있는 것을 하나씩 해보길 추천드려요. 두렵다고 혼자 움츠러들지 마시고, 사연자님을 둘러싼 더 큰 연결망이 있음을 잊지 않으시길 바랍니다. 저희 수프 상담소도 그 수많은 연결망 중 하나랍니다! 이렇게 하나하나 본인을 위한 관계의 그물망을 만들어 가다보면 어느새 울창한 숲이 되어 있지 않을까요? 사연자님의 서울살이를 멀리서나마 응원하겠습니다.

영업 3일 차 고민 영수증

꼬리에 꼬리를 무는 일 생각에
잠 못 드는 당신에게

나에게 꼭 맞는 직업을 찾고 싶은 '프로 이직러'의 고민

저에게 어울리지 않는 일 같아요. 이대로 괜찮을까요?
---

by. 라야

 안녕하세요. 저는 이직 N개월 차 '프로 이직러'입니다. 매일 출근해 열심히 업무에 임하고 있지만, 어울리지 않는 옷을 입은 것처럼 어울리지 않는 직업을 가진 기분이에요. 그렇다고 직업으로 삼을 만한 다른 커리어나 능력이 있는 것도 아닙니다. 이제 나이도 있고 제 삶을 스스로 책임져야 하기에 주어진 직장에서 일을 계속하는 것도 감사하죠. 그럼에도 한 켠에는 나에게 더 맞는 직업을 찾고 싶다는 욕구가 가시지 않습니다.

 맞아요, 어쩌면 그건 불가능한 일일지도 몰라요. 더 맞는 일을 찾아 직장을 옮긴다 해도 막상 그 일을 경험해보면 자신이 작게 느껴지고, 재능이 없는 것처럼 느껴지는 건지도 모르겠습니다. 근데 저만 그런 걸까요? 일에서 만족감을 느끼는 적정선은 어떻게 찾을 수 있을까요? 저의 이런 고민이 어쩌면 세상에서 많은 기회를 얻지 못한 사람들에게는 복에 겨운 고민으로 들릴지도 모릅니다. 그럼에도 찜찜한 기분이 가시지 않아요. 나답게 또 자연스럽게 계속할 수 있는 일, 더 성장하고 더 잘하고 몰입하게 되는 일을 찾고 싶습니다. 어쩌면 지금의 저는 제가 삶의 중심이라는 기분을 느끼고 싶은 걸지도 모르겠습니다. 자기 삶의 중심에 현재 자신이 있다는 것을 확신하기 위해서 어디서부터 인지하고 나아가야 할까요? 무엇을 소거하고 어떤 것을 취해야 할까요?

패션에도 적응이 필요합니다

by. 독 없는 독심술사

새로 산 옷을 입으면 괜스레 기쁘기도 하지만, 아직 익숙하지 않아 조심스럽고 어색하기도 합니다. 라야님께 이 질문을 먼저 드리고 싶은데요. 새 옷에도 적응 기간이 좀 필요한데, 새로 시작한 일에도 익숙해질 시간을 주셨을까요?

반품 제로, 기적의 코디법

뜬금없지만 잠깐 저희 엄마 얘기를 해드릴까 해요. 저희 엄마는 옷 장사를 약 30년 정도 한 베테랑 장사꾼입니다. 30년간 장사하다 보면 정말 다양한 손님을 만나게 되는데요. 가끔 '뭘 입혀도 잘 어울리는 손님'을 만나기도 합니다. 뭐든 잘 어울리는 사람, 어떨 것 같나요? 판매가 수월할 것 같나요? 아니요, 이런 손님은 반품할 확률이 꽤 높습니다.

'집에 가니 비슷한 게 있어요.', '평소 입던 스타일이 아니라 잘 안 입을 거 같아요.'라며 반품을 하죠. 허허…. 장사하는 입장에서는 참으로 난감합니다. 이때 베테랑 장사꾼인 저희 엄마는 손님에게 반품하지 않을 마법을 겁니다. 바로 '기적의(?) 코디법'으로 말이죠.

기적의 코디법, 이름은 거창하지만 사실 '옷에 적응하는 법'을 알려주는 것입니다. 예를 들어 평소 입던 스타일이 아니라며 주저하면, 평소에 잘 입는 옷과 매칭해서 임팩트도 있으면서 부담 없이 입는 방법을 알려주죠. 반대로 비슷한 옷이 집에 너무 많다고 하면, 옷의 디테일한 포인트를 짚어주며 새롭게 입을 방법을 알려줍니다. 손님 입장에서는 조금 무서운 판매 전략이지만, 우리 삶에도 이 방법을 적용해볼 수 있습니다. 익숙한 것에는 약간의 새로움을, 새로운 것에는 익숙함을 매칭시켜 심리적 낯섦과 거부감을 덜어주는 거죠. 그렇게 새로운 것에 적응할 시간을 벌어주는 거예요.

몰입은 집중하려 노력하는 것

몰입은 무엇일까요? '나도 모르게 자동으로 빨려 들어가는 것'

이라고 우리는 알고 있습니다. 하지만 몰입은 절대 자동으로 되지 않습니다. 몰입에도 '집중하려는 노력'이 필요합니다.

저도 작가 일을 하다가 일반 회사로 이직을 했는데요. 제게 맞지 않는 일을 하고 있다는 느낌을 자주 받았어요. 그래서 매년 '퇴사'를 외쳤죠. 그런데 문득 '이 들썩이는 마음이 일에 안착하고 몰입하는 걸 방해하는 게 아닐까?' 하는 생각이 들더라고요. '몰입할 수 있는 것'을 찾는 것도 중요하지만, '몰입을 못 하는 이유'를 살펴보는 것도 중요하지 않을까 싶어요.

꿈 혹은 이상은 밥을 먹지 않고도 힘을 낼 수 있게 해주고, 고난도 이겨낼 수 있는 정신력을 주기도 합니다. 문제의 몰입! 몰입도 하게 해주죠. 하지만 꿈에만 집착할 경우, 시야가 협소해지거나 집중력을 분산시켜 정작 눈앞에 놓인 것을 못 보고 지나칠 수도 있어요. 어쩌면 지금 하는 일이 잘 어울릴 수도 있지만, 내가 그렇게 인지하지 못하는 것일 수도 있어요. 설령 그 옷이 진짜 안 어울리는 옷이라고 해도 그 옷을 입어봤던 '시도'는 분명 의미 있는 경험일 거예요. 혹시 당장의 갈증에 급급해 앞에 있는 개울물을 놓치고 있는 건 아닐까요? 이 또한 꿈에 다가가기 위한 여정이라고 생각해보면 어떨까요? 리야님의 모든 순간을 소중히 하며 천천히 맞는 옷을 찾아보세요. 그럼 리야님 삶에 있어서는 자신이 중심에 있다는 걸 느낄 수 있을 겁니다.

당신이었군요? '옷빨' 잘 받는 사람!

유난히 마음이 우왕좌왕하는 사람은 뭐든 잘 어울리고, 뭐든 잘하는 사람이기 때문입니다. 어느 조직에 가도 잘 맞춰 일하지만, 특별한 장점이나 뾰족한 무기가 없다는 생각에 자신에게 더 야박해지기 쉽죠. 이런 제너럴리스트는 다양한 영역의 일을 두루두루 해내기 때문에 전문성이 없다고 많이 오해하는데요. 전혀 아닙니다. 제너럴리스트는 모든 분야에 대한 지식과 경험이 있어 일의 균형을 맞추고 빈 구멍을 찾아 공급하기에 조직에서 꼭 필요한 사람입니다. 세상의 균형과 필요한 것을 찾아 공급해주는 제너럴리스트를 어떤 조직에서 마다하겠어요. 리야님은 어디를 가도 잘 일해왔기 때문에 늘 이직에도 성공할 수 있었던 게 아닐까요?

그리고 잊지 마세요. 제너럴리스트도 자신만의 스페셜리티가 있다는 것. 제너럴리스트로 많은 일을 소화하다 보면 나의 스페셜리티가 잊혀지기도 하는데요. 그것을 다시 찾고 상기하는 게 '자기 삶의 중심'을 느낄 수 있는 방법 중 하나입니다.

무언가 더 소거하거나 취하기보다 지금의 경험을 즐기시길 바라요. 그러다 보면 일에서 조금 더 만족감을 느낄 수 있지 않을까요? 이 모든 일이 결국 당신에게 도움이 된다는 것을 느끼는 날이 언젠가 올 거라고 말해드리고 싶습니다.

피드백에 두드러기가 있어요

피드백을 받는 게 너무 어려워요!
---
by. 꾹

피드백을 받는 게 아직도 어려워요. 좋은 피드백은 좋은 피드백대로, 나쁜 피드백은 나쁜 피드백대로 받아들이기가 어렵네요. 좋은 피드백은 감사하지만 동료를 실망시키지 않아야 된다는 부담감에 나를 채찍질하게 되고, 나쁜 피드백은 '부끄러운' 감정이 들고 이에 대한 변명을 찾는 데 에너지를 소모할 때가 많아요. 피드백을 잘 받아들이는 방법이 없을까요?

타인의 평가가 두려운 건 당연해요

by. 친절한 T

'20XX. 7. 8 내가 지금 놓친 것은 무엇인가? 피드백을 잘하고 잘 받아들이는 방법은?'

이 사연을 읽고 몇 년 전의 일기를 펼쳐봤습니다. 첫 직장에서 피드백 때문에 고민하던 날들이 떠올랐거든요. 사연자님은 피드백을 받는 게 어렵다고 하셨는데 저도 방어적인 사람인지라 일터에서 가장 어려운 부분이 피드백을 주고받는 것이었습니다. 사실 알고 보면 사람은 누구나 타인의 평가를 받는 걸 불편해해요. 이것부터 받아들이고 시작하면 좋을 것 같아요.

평가받는 것, 불편하고 어려운 게 맞다

피드백을 주고받는 것은 왜 어려운 걸까요?

첫 번째, 피드백은 타인에 대한 관심과 애정, 그리고 많은 정보가 필요한 영역이기 때문이에요. 모두 바쁘게 살아가는 현대 사회에서 피드백을 한다는 것은 많은 에너지를 필요로 하기에 쉬운 일이 아닙니다. 선의로 접근한다 해도 정보가 부족하고 심사숙고할 시간이 모자라서 상대에게 딱 맞는 피드백을 주기가 어려울 수 있어요. 피드백을 받는 입장에서는 '그게 아닌데…' 하고 덧붙이고 싶은 말이 생길 수 있고요. 절대적으로 옳고 확실한 평가는 없기에, 피드백에서 어떤 내용을 받아들일지 본인이 선택할 수 있다는 점을 기억하세요.

두 번째, 피드백은 상호작용입니다. 피드백을 주는 사람이 있으면 받는 사람이 있습니다. 주고받는 게 어렵다는 것은 자신의 영역을 오픈해야만 피드백을 주는 사람도 대화할 여지가 생기기 때문입니다. 사연자님이 피드백을 받아들이기 힘들어하는 것은, 어쩌면 평가받는 상황에서 자신이 노출된다는 느낌을 받기 때문일지도 모르겠어요. 피드백을 정확하게 주고받으려면 자신이 '노출'되는 게 아니라 자신을 적극적으로 '오픈'하려는 노력이 필요합니다. 피드백을 받을 때 본인의 업무를 하면서 느꼈던 고민, 과정상의 어려움을 나누는 자리로 활용해볼 수도 있겠지요.

세 번째, 피드백은 감정적 교류도 동반합니다. 기본적으로 피드백을 주는 사람은 상대가 모르거나 깨닫지 못하는 것을 전달해야 하기에, 피드백을 받는 사람은 당황스럽거나 회피하고 싶은 마음이 들기도 합니다. 그래서인지 요즘 직장에서는 불편하고 껄끄러운 피드백은 하지 않는 문화도 있다고 해요. 피드백을 주고받는 게 너무 어려우니까요. 그럼에도 불구하고 꾹님은 스스로 피드백을 잘 받아들이려고 노력하신다는 점에서 대단하신 것 같아요.

피드백은 상호작용이며 감정적 교류를 동반하기에 마음의 준비가 필요합니다. 저는 스스로 피드백을 받을 준비가 되었는지를 살펴보곤 해요. 일정이 여유로운지, 컨디션이 괜찮은지 살펴봐야 상대로부터 피드백을 받았을 때 감정적으로 받아들이거나 방어하지 않고, 피드백에 담긴 메시지를 중심으로 생각할 수 있더라고요. 인간은 어쨌든 감정의 동물이니까요.

피드백, 받아들이기만 해야 할까?

한 발 더 나아가 피드백을 주고받기 좋은 환경을 조성하는 방법도 있습니다. 제가 요즘 사용하고 있는 방법인데요. 제 취약성을 먼저 드러내고 상대방과 대화할 여지를 여는 거예요. 방어적이고 회피적인 성향 탓에 이 방법을 적용하기까지 매우 오랜 시간이 걸렸습니다.

팀 회의나 일대일 면담 자리 등에서 상대에게 나의 상태를 건조하고 담백하게 공유합니다. 감정만 전달하는 게 아니라 나의 상태에 대해 설명하는 것이죠. 그렇게 제 취약함을 먼저 드러내면 피드백을 주는 사람도 그 안에서 건강하게 소통할 수 있습니다.

말처럼 쉬운 일은 아닐 수 있어요. 상대방을 신뢰할 수 없거나 안전한 조직이 아니라면 취약한 점을 나누기가 어렵습니다. 그래도 꾹님 주변에 믿을 만한 동료가 있다면 그런 분들과 먼저 이런 경험을 나눠보고 서서히 나의 경계를 넓혀가보는 건 어떨까요?

한 가지 더 드리고 싶은 이야기는, 잘못된 피드백을 받았을 때는 과감하게 넘기는 연습도 해보면 좋겠어요. 누군가가 나를 비난할 목적으로 피드백을 한다면 그것은 무시하세요. 가스라이팅에 가까운 피드백은 받아들이지 않아도 괜찮다고 말씀드리고 싶어요. 이런 잘못된 피드백을 걸러내지 않는다면 우리를 성장하게 할 좋은 피드백도 놓치게 될 수 있으니까요.

그러기 위해서는 내가 나를 잘 알아봐주고 인정하는 게 무엇보다 필요해요. 지금 내가 어떤 상태인지 들여다보면서 나를 사랑하는 마음으로 일터에서 하루하루를 보내보면 어떨까요? 자신을 존중해주고 소중히 대해주는 마음을 가지다 보면, 잘못된 피드백쯤은 거뜬히 걸러 들을 수 있는 마음과 귀가 생길 거예요. 자기 자신을 칭찬하는 게 어색한 일일 수 있는데요. 저도 낯간지러운 말을 스스로에게 못하는 성향인지라 기록을 통해 나를 인정하고 사랑하는 말을 써보기도 했어요. 꾹님의 상황에 맞게 자신에게 맞는 방법을 찾아가시길 바랄게요.

알고 보니 내가 구멍이었네

자기혐오에 빠지고 말아요

by. 망각11월

저는 스스로에 대한 평가가 너무 높은 것 같아요. 잘하고 있다고 생각했던 것들이 실은 잘하고 있지 않다는 것을, 내가 만든 수많은 구멍들을 누군가의 친절로 근근이 메우며 살아가고 있다는 걸 깨닫고 기운이 빠지는 요즘입니다. 내가 바라던 내가 아닌, 모든 것에 대충대충인 저를 마주할 때마다 자기혐오에 빠지고 만답니다. 저는 일 잘하는 사람이 곧 좋은 사람이라고 생각해요. 현실의 저는 이것밖에 안 되는데 말이에요. 자기 자신을 알 만도 한데 왜 그러지를 못 할까요.

'일잘러'가 곧 '좋은 사람'일까요?

by. 친절한 T

망각11월님은 일 잘하는 사람을 곧 좋은 사람이라고 생각하시는군요. 그래서 내가 만든 구멍을 누군가의 친절로 근근이 메우며 살아가고 있다는 걸 발견하고 더욱 상심하셨나 봅니다. 저는 이런 질문을 드리고 싶어요.

왜 일을 잘하는 사람이 좋은 사람이라고 생각하나요?
일을 좀 못하면 안 되나요?

저도 비슷한 생각을 했던 적이 있습니다. 이런 마음이 되레 저를 가혹하게 바라보는 잣대가 되기도 했습니다. 저는 모든 일에 '완벽한 상태'를 추구하고는 합니다. 그래서 일을 쉬이 시작하지 못하고 생각만 하는 때도 있습니다. 어떤 이들은 그런 제 모습을 보고 신중하다고 말하곤 하지만요. 속으로는 능력주의를 선망하면서 일을 잘하지 못하면 잘못된 거라고 생각하기도 했죠.

잘하고 싶은 마음이 있다는 것을 알아차리기

'일 잘하는 사람'의 정의는 사람마다 다르고 직무나 산업에 따라 기준이 달라지기도 해요. 제 스스로 일을 완벽하게 처리한다고 여겨왔지만 어디까지나 제 기준으로, 제 입장에서 그렇게 생각했던 거죠. 다른 사람이 보면 그렇지 않은 순간도 있었을 거예요. 그걸 깨닫고 나니 사람이 언제나 일을 잘할 수는 없다는 사실을 받아들일 수 있었어요. 사연을 읽으면서 일을 잘하기 위해서 스스로를 채찍질하던 시절, '괜찮아, 일을 좀 못할 수도 있지.' 하고 나 자신에게 말을 건네던 기억이 떠올랐어요.

나라는 사람은 일을 잘하든 못하든 존재 그 자체로 소중합니다. 일을 못하는 순간도 있을 수 있다는 것을 받아들여보세요. 가혹하게 나를 몰아가고 자책하다 보면 자존감이 남아나지 않을 거예요. 물론 개선할 점을 생각해보고 성장하는 것은 너무나도 중요하지만요.

그래서 저는 요즘 일에 관해 회고하고 성찰하는 시간을 일상에서 놓치지 않으려 노력해요. 그러다 보면 실수가 줄어들고 일을 전보다 꼼꼼하게 할 수 있더라고요. 예전만큼 강박적으로 자신을 몰아가지 않고 스스로에게 인정하는 말을 할 수 있게 되었습니다.

자기혐오 NO! 자기 객관화 YES!

대충대충 하는 모습을 발견했을 때 자신을 혐오하게 된다고 하셨는데요. 특히 완벽을 추구하는 성향이 있다면 더 심하게 자책하실 테죠. 내가 원하는 나와 현실의 나 사이의 간극이 크게 느껴져서 당황하셨을 것 같아요. 이럴 때일수록 스스로를 객관적으로 이해하는 것이 필요하다고 생각해요. 자기 자신에게 이런 질문을 던져 보세요.

나는 정말 매사에 대충대충 하는가?
사람들에게 민폐만 끼치고 실수투성이인 걸까?

일을 대충한다고 얘기하는 사람들은 대부분 일을 잘하고 싶은 마음이 크더라고요. 결과물이 본인 기준에 미치지 못할 때 일을 제대로 하지 않았다고 여기기도 하고요. 그래서인지 나는 대충한 것 같은데 다른 사람은 그렇지 않다고 여길 수도 있고요.

나를 이해하기 위해서 스스로를 들여다보는 일은 중요합니다. 그에 못지않게 다른 사람의 시선을 통해 나를 알아가는 것도 필요하죠. 내가 몰랐던 내 모습을 누군가 알아봤을 때 창피하거나 부끄럽기도 하고 어떤 때는 화가 나기도 합니다. 타인이 발견한 내 모습을 부정한다면 그것은 나의 것이 아니게 되겠죠. 타인의 의견을 어떻게 받아들이고 인식하느냐에 따라 자기 객관화를 보다 다양한 관점에서 할 수 있게 됩니다. 내가 아는 모습도 나지만, 누군가가 발견해준 내 모습도 있다는 것을 기억하면서 자기 자신을 종합적으로 파악해보면 어떨까요.

누군가의 친절을 소중히 여기기

나의 실수를 누군가가 메워준 것에 대해 기운이 빠진다고 하셨는데요, 반대로 생각해보면 나의 구멍을 메워주는 소중한 사람이 내 곁에 있다는 의미이기도 합니다. 자신을 미워하기보다는 도움을 주신 분에게 감사한 마음을 담아 연락해보면 어떨까요?

저도 혼자 일을 잘하는 사람이 되고 싶어 마음만 앞서던 때가 있었습니다. 부탁을 잘 못하는 사람이었지만, 요즘 부쩍 사람은 홀로 살아갈 수 없다는 것을 느끼곤 합니다. 특히 일을 할 때는 나 혼자서 모든 것을 해낼 수 없습니다. 내가 못하는 부분은 잘하는 사람이 채워주고, 내가 잘할 수 있는 부분에서 역량을 발휘해야겠다는 마음으로 내 일을 바라보면 좋겠습니다. 그러다 보면 사연자님도 누군가를 도와줄 날이 오지 않을까요. 일을 못하고 구멍이 있다 해도 망각11월님은 존재 자체로 소중한 사람입니다. 그건 부정할 수 없는 사실이에요. 이번 기회를 통해 자기 자신을 사랑하는 마음도 발견하고, 나를 객관화하는 경험을 하셨으면 좋겠습니다.

프리랜서의 생존법

프리랜서로 오래 먹고사는 노하우가 궁금해요

by. 햇병아리

안녕하세요. 프리랜서 0년 차 아무개입니다. 백수가 된 지 1년이 지나고 취업 전선이 아닌, 냉혹한 프리랜서의 세계에서 일해보려고 마음먹은 햇병아리입니다.

간간이 들어오는 단기 아르바이트와 프로젝트를 시작하니 일이 우르르 들어오기 시작했는데요. 시간이 맞는 일을 수락하다 보니 어느덧 달력이 꽉 차버렸어요. 처음이라 불안해서 그런지 문득 이런 생각이 들었습니다. 프리랜서 고수님들은 시간 관리며 에너지 안배는 어찌하는지 말이에요. 정신없는 날에는 끼니도 거르기 일쑤인데, 제가 잘 해낼 수 있을지 걱정됩니다.

프리랜서로 오래 먹고사는 고수분들의 노하우가 궁금해요.

끼니를 거르는 자, 병원비로 모은 돈을 다 쓰게 될지니

by. 다정한 흑염룡

 안녕하세요. 프리랜서 생활 8년 차 '다정한 흑염룡'입니다. 저는 수프 상담소에서 친절과 환대를 담당하며, 봉인된 흑염룡을 키우고 있어요. 이 흑염룡은 지랄 맞은 상사를 만나면 시도 때도 없이 튀어나와서 불같이 성질을 부리는데요, 덕분에 저는 회사로 돌아갈 수 없는 몸이 되어(왜냐하면 부서마다 꼭 한 명씩 있기 때문) 거친 들판에서 '야인'으로 살아가고 있답니다.

 프리랜서라는 좋은 단어를 두고 왜 야인이라고 표현하느냐고요? 왜냐하면 여기는 일하는 만큼만 돈을 버는 비정한 세계라서요. 가만히 있으면 아무도 제게 돈을 주지 않아요. 일감을 구하기 힘들 때도 있고, 예전 상사는 양반이었구나 싶을 정도로 예의범절을 밥 말아먹은 클라이언트도 종종 만납니다.

 그래도 '프리'하긴 해요. 내가 원하는 프로젝트를 구상해서 맘 맞는 동료와 함께 일할 수도 있고, 하기 싫은 일은 거절하면 되니까요. 요약하자면 프리랜서의 장점은 일을 선택할 수 있다는 점이고, 단점은 하고 싶은 일만 골라 하다 보면 거지꼴을 면치 못한다는 점입니다.

통장 잔고와 여유 시간 사이에서

프리랜서로 먹고살려면 이 둘 사이의 균형을 이루는 게 중요합니다. 원하는 일을 할 수 있는 시간, 그리고 생계를 위해 유지해야 하는 통장 잔고. 그러려면 한 달에 내게 필요한 돈이 얼마인지를 먼저 헤아려보고, 3개월, 6개월, 1년 단위로 벌어야 하는 총 수입을 역산해봅시다. 적게 쓰는 사람이라면 생계를 위한 일을 좀 적게 해도 되겠지요. 반면 많이 쓰는 사람이라면 돈 벌기 위한 일을 좀 많이 해야 할 거예요. 자기가 하고 싶은 일에 몰두해 빠르게 결과를 내서 돈으로 환산하는 방법도 있을 거고요.

저는 초절전형 인간이 되는 편을 택했습니다. 물가는 오르고 있지만 10년째 제 용돈은 그대로입니다. 그래서 작업실에 도시락을 싸서 다니고 평소에도 외식은 최대한 하지 않으며, 필요한 물건이 있으면 당근마켓부터 뒤져봅니다. 그 대신 시간을 맘껏 누리고 있어요. 클라이언트의 싹수가 노래 보이면 말도 안 되는 액수를 불러서 퇴치해버립니다.(얼마면 되겠니? 천만 원이요!) 흥미로워 보이면 돈이 안 될 것 같아도 일단 뛰어들어보고요.

다만 아무리 일이 좋아도 건강을 위협할 정도로 하지는 않는다는 게 제 원칙입니다. 저는 오랫동안 '일' 자체에 중심을 두고 살아왔어요. 아무리 작은 일이라도 완벽하게 해내는 게 중요하다고 생각해서, 제 마음에 들 때까지 완벽하게 일을 마무리하고자 시간을 쏟아붓곤 했습니다. 결과물은 좋았지만 저 자신에게는 좋지 않은 방식이었어요. 마감 시즌이면 밥도 못 먹고, 잠도 못 자고, 사람도 못 만나고, 눈 뜨고 있는 시간 내내 일만 하느라 좀비가 되기 십상이었죠. 그래도 성과를 내는 재미에 빠져 좀처럼 이 방식에서 벗어나기 어려웠습니다.

초절전형 프리랜서 vs 맥시멀리스트

마감이 겹쳐서 새벽까지 일하고 있던 어느 날이었어요. 갑자기 숨쉬기가 어렵고 죽을 것처럼 힘들더라고요. 공황발작이었습니다. 결국 담당자한테 울며불며 전화해서 사정을 설명하고 마감을 미뤘습니다. 그리고 정신과에 찾아가서 도움을 청했어요. 이후로 오랫동안 상담을 받으며 저 자신을 돌아봤습니다. 나는 왜 일에 그토록 목을 매는가? 정말로 중요한 것은 나 자신을 돌보는 게 아닌가? 일이야 다시 찾으면 그만이지만, 건강을 잃으면 다시 되찾을 수 있는가? 경험해보니 몸과 마음의 건강을 회복하는 데 훨씬 오랜 시간이 걸리더라고요.

그래서 '프리랜서로서 오래 먹고사는 노하우'를 물어본 햇병아리님이 무척 현명하시다는 생각이 들어요. 왜냐하면 단기 아르바이트, 프로젝트 한 건 한 건에 사활을 걸겠다는 게 아니라 긴 호흡으로 봤을 때 나를 지키면서도 일을 건강하게 할 수 있는 방법을 문의

하신 거잖아요. 저는 공황발작 이후에야 지속 가능한 방식을 찾기 시작했어요. 내가 지금 무리하게 일을 하고 있는 것은 아닌지, 이번 프로젝트는 감당할 만한 도전인지 스스로에게 물어가며 지금도 여전히 일과 생활 사이의 균형, 통장 잔고와 여유 시간 사이의 균형을 찾으려 애쓰고 있습니다.

반면 '들어오는 외주는 안 막는다.'는 정신으로 웬만한 일은 다 수락하는 스타일도 있습니다. 김송희 작가라고 『희망을 버려, 그리고 힘내』의 저자이기도 한 분이에요. 체력과 멘탈이 약한 저와는 달리 다년간의 외주로 다져진 맷집을 자랑하는 김송희 작가는 '가진 돈을 몽땅 써라!'라는 신조를 갖고 있다고 해요. 에디터답게 맛집이란 맛집의 리스트는 줄줄 꿰고 있으며, 집에는 문을 열면 안 되는 '푸른 수염의 방(이라 쓰고 옷방이라 읽는다)'이 있다고 하는데요, 여하튼 본인의 소비를 뒷받침하기 위해 돈을 열심히 번다고 합니다. 통장에 입금될 액수를 생각하면서 어떻게든 마감을 해내신다고요.

사실 이분은 경험에 대한 개방성이 높은 분이에요. 어떤 일이든 시도해보고 아니면 말지 하는 열린 자세로, 이 일도 벌려보고 저 일도 벌려보며 정말 재미있게 사는 분입니다. 완벽주의와 실패에 대한 부담감으로 새로운 일에 잘 도전하지 못하는 저로서는 부러울

뿐입니다. 김송희 작가님은 저와는 완전히 다른 스타일이지만, 통장 잔고를 고려하며 일을 받고 있다는 점에서는 공통점이 있네요.

나만의 지속 가능성을 찾아서

햇병아리님은 어떤 스타일인가요? 저처럼 초절전형 가계부를 운영하시나요, 아니면 김송희 작가님처럼 다양한 경험에 아낌없이 돈을 투자하는 스타일인가요? 프리랜서로 살다보면 아실 거예요. 내게 얼마만큼의 돈이 필요한지, 생계를 위한 일은 어느 정도 하면 괜찮고, 하고 싶은 프로젝트에는 시간을 얼마만큼 쏠 수 있는지, 내 체력은 어느 정도인지 테스트하다 보면 어느 정도 일정 관리가 되지 않을까요?

언제 어디서 어떻게 일하는 게 본인의 몸에 맞는지도 알아보세요. 드리고 싶은 조언은 '저녁형 인간은 있어도 새벽형 인간은 없다.'는 것입니다. 예전에 인터뷰했던 정신과전문의 이슬아 원장님의 말씀입니다. 밤에는 자고, 아침에는 일어나고, 끼니 거르지 말고, 운동도 하고, 친구도 가끔 만나고, 새로운 경험도 해보시고⋯ 또 어떤 잔소리가 필요할까요?

몸과 마음의 건강을 두루 살피며 본인에게 맞는 균형점을 찾아가시길 바랍니다. 오늘 하루 스케줄 관리 망했다고 너무 자책하지 마시고요. 참고로 8년 차 프리랜서인 저도 하루가 멀다 하고 진창에 푹푹 빠진답니다. 자신이 어떤 상태인지 알고 점검하면서 프리랜서의 길을 한 발 한 발 걸어가시길 바라요.

오늘 하루도 파이팅입니다!

똥인지 된장인지 먹어봐야 안다

10년의 공백을 깨고 다시 일을 시작하려는데….
---
by. 루야옹

안녕하세요, 저는 이제 막 초등학교에 입학한 자녀가 있는 가정주부입니다. 거의 10년 동안 전업주부로만 살아왔는데요. 이 생활을 끝내고 일을 시작하려고 해요. 예전 경력을 살리자니 까마득해서 새로운 일을 시작하려고 공부 중입니다. 그런데 다시 시작하는 공부 끝에 원하는 일을 할 수 있을지 확신이 서지 않아요. 공부 자체는 크게 어렵지 않은데, 공부하면서도 이걸 공부하는 게 맞나 고민이 됩니다.

엄마라는 최고의 '경력'을 기억하세요

by. 독 없는 독심술사

안녕하세요, 루야옹님. 저도 얼마 전에 퇴사하고 다시 진로 고민을 하며 막막해하던 차였는데요. 10년 만에 다시 시작하는 사연자님만 할까 싶어요. 루야옹님이 왜 '까마득'이라 표현하셨는지 이해가 됩니다.

예전 경력을 살리는 것이 까마득해서 새로운 공부를 시작하셨다고 했는데요. 일단 축하하고 또 대단하다고 말씀드리고 싶어요! 뭐든 시작이 가장 어려운데, 그 '시작'을 하신 거잖아요. 그 용기 있는 첫 발자국은 무조건 박수받아야 할 일이라고 생각합니다. 이렇게 용기 있게 시작했는데도 확신이 잘 안 드는 것도 충분히 이해돼요. 처음 가는 길에 대한 막연함은 누구나 있잖아요.

이미 결정하고 시작했지만 그럼에도 고민이 된다는 건 '예전 경력을 살리는 것'과 '새로운 일을 시작하는 것' 사이에서 아직 갈피를 못 잡는 게 아닌가 싶어요. 쉽지 않은 선택이지만, 심플하게 생각해보면 어떨까요. 기존 경력을 살리는 것과 새로운 일을 하는 것 둘 다 '낯섦'을 안고 시작해야 하는 건 같을 거예요. 10년 만에 만나는 사람과 처음 만나는 사람 둘 다 낯설고 어색하기는 마찬가지인 것처럼요. '예전 경력', '새로운 경력'이라는 이름표를 떼고, 두 일을 같은 선상에 두고 다시 생각해보면 어떨까요. 새롭기는 어차피 둘 다 마찬가지라면 루야옹님이 조금 더 자신 있는 것, 하고 싶은 것을 택하면 좋을 것 같아요. 그럼 선택에 대한 '확신'을 얻을 수 있지 않을까요.

누가 육아휴직을 '휴'직이라고 했는가!

우연인지 필연인지 저는 육아휴직을 끝내고 복직한 팀장님들과 세 번이나 같이 일했는데요. 그때의 팀장님들이 이런 말을 하셨어요. "진짜 뇌를 한 번 훑고 지나간 것처럼 일이 마음대로 안 될 때가 너무 많다니까…."

팀장님들은 이전에는 아무렇지 않게 해내던 일도 헤맬 때가 많아 자괴감이 든다고 하셨죠. 저도 버벅대는 그녀들을 볼 때마다 적지 않게 당황했는데, 당사자들은 어땠을까 싶어요. 그때 저는 무심코 "겨우 1년인데요?"라고 했는데요. 뒤늦게 반성했습니다. 구직할 때 하루, 일주일이 지나가는 것도 불안해 발을 동동거렸으면서 '겨우 1년'이라니요. 루야옹님의 고민을 다시 읽으며, 1년 동안 반강제적으로 일을 쉬어야 했던 그녀들의 마음이 어땠을지 다시 생각해봤어요. 그러다 문득 '정말 쉬었다고 할 수 있을까?' 하는 생각이 들더라고요.

가끔 엄마가 된 지인들의 카카오톡 프로필에 걸어둔 아기 사진을 볼 때마다 시시때때로 놀라곤 해요. 아이들은 어쩜 그리 쑥쑥 크는지 신기하더라고요. 그 뒤에 엄마들의 보이지 않는 돌봄이 있었겠지요. 정해진 시간에 먹이고, 재우고, 안아주고 동시에 온갖 집안일까지 해내는 엄마가 없었더라면 아이들이 그렇게 폭풍 성장할 수 있었을까요.

엄마가 된 지인들을 보고 있노라면 한 인간이 이렇게 바뀔 수 있나 싶더라고요. 자기 한 몸 챙기기도 버거워하던 사람이, 이제는 오롯이 아이의 시간에 맞춰 살아가고 있는 걸 보면 '돌봄'에는 한 사람, 아니 그 이상의 손길이 필요하구나 싶어요. 하지만 그분만은 아니겠죠? 가장 가까이에 있는 저희 엄마만 봐도 많은 것을 포기하고 또 배우고 인내해오셨다는 걸 알겠더라고요. 가끔 엄마와 다툴 때 엄마가 "엄마도 엄마가 처음이라, 미안해."라고 얘기하시곤 해요. 매년 성장하며 달라지는 아이처럼, 엄마도 매년 새로운 과제를 받았겠죠. 아마 낯선 땅에 가서 외국어를 배우는 심정으로, 아이를 키우기 위해 많은 것들을 새롭게 익혀왔으리라 생각합니다.

아직 우리 사회에서 '돌봄' 경력이 그다지 인정받지 못하고 있는 건 사실입니다. 출산율이 이렇게까지 떨어진 데는 다 그만한 이유가 있겠지요. 일과 가정을 양립하는 것은 여전히 여성에게 부과되는 덕목이고, 루야옹님처럼 하던 일을 그만두고 전업주부가 되는 것 또한 주로 여성에게만 부과되는 선택지니까요. 아이를 키우는 부모에게 그다지 친화적이지 않은 사회에서 출산을 결정하고 10년이나 육아를 담당하시다니 그동안 정말 고생 많으셨어요.

하지만 사회가 알아주지 않더라도 루야옹님은 아실 거예요. 본인이 얼마나 가치 있는 일을 했는지, 엄마가 되기 위해 얼마나 노력하고, 얼마나 많은 것들을 새로 익혀야 했는지요. 용감하게 뛰어들어서 인간을 키워낸(자그마치 인간을!) 경험은 루야옹님 안에 고스란히 남아 있을 거예요. 그러니 그 경험을 믿어보세요. 자부심을 가지세요. 엄마라는 '직업'을 가져봤으니 다른 어떤 일도 하실 수 있을 겁니다.

소금도 설탕도 찍어 먹어봐야 안다

우리는 살면서 처음 해보는 것도 많고, 매번 새로운 선택을 하며 살아갑니다. 무엇 하나 명확하게 알고 선택하는 건 하나도 없어요. 그저 선택하고, 직진하고, 문제가 벌어지면 해결하며 조금씩 앞으로 나아갈 뿐이죠. 물론 혼자였던 이전과는 많이 다를 거예요. 지금은 배낭도 캐리어로 바꿔야 하고, 전보다 물건도, 여비도 많이 챙겨야 하는 여행일지도 모릅니다. 하지만 예측할 수 없는 건 똑같을 거예요. 앞서 말했던 팀장님들이 이런 얘기를 하시더라고요.

"한동안은 좀 헤맸지만, 생각보다 크게 바뀐 건 없더라. 내가 좀 늦은 것 말고. 내 속도 모르고 흘러가는 시간이 야속했는데, 결국 그조차도 시간이 해결해주더라. 지레 겁먹었던 내가 바보 같았을 정도야."

그러니 예전 경력을 살려야 한다는 부담도, 새로운 것을 시작하고 확실하지 않은 길을 걷는 것에 대한 두려움도 조금은 내려놓으셨으면 해요. 결국 해봐야 알고, 지나봐야 알 수 있다는 걸 루야옹님이 더 잘 아실 거예요. 일도, 결혼도, 출산도, 육아도 모두 해내신 분이니까요. 출발했다가도 유턴할 수도 있고, 경로를 바꿀 수도 있으니 일단 마음으로 선택하신 게 있다면 시작해보시면 어떨까요? 루야옹님이 조금 더 자신 있고, 좋아하는 걸 선택하시길 바라요. 물론 어떤 선택을 하시더라도 저는 무조건 응원합니다.

영업 4일 차 고민 영수증

우정과 사랑에
정답이 어디 있겠냐마는

연애하지 않을 자유

연애는 필수, 결혼은 선택이라는데, 정말 그런가요?
---
by. 립미얼론

저는 연애에 정말 아~~~~무 생각이 없습니다. 약간 거부감도 있고요. 이런 저를 보고 한 소리씩 하는 주변 사람들 때문에 짜증이 납니다.

저는 연애 경험이 거의 없어요. 길면 2주? 모태솔로라고 봐도 무방합니다. 좋아하는 사람이 있었냐고요? 아뇨. 이상형이 있냐고요? 아뇨. 고백을 받아본 적은? 있지만 결국 거절했습니다. 사실 누군가 저에게 호감을 표시하기 시작하면 불편해 뒤로 물러서기 시작합니다. 그런 간지러운 것이 저는 불편해요. 그래서 동성을 좋아하냐는 얘기도 종종 듣습니다. 사랑에는 다양한 형태가 있고 이걸 사회적으로 인정해주는 것까지는 좋은데, 아닌 사람을 자꾸 의심의 어조로 찔러대는 건 또 뭘까요? "괜찮다.", "이해할 수 있다."는 말을 들으면 네 멋대로 오해하지 말고 제발 가라고 하고 싶어요.

저는 그냥 '연애'라는 것 자체에 관심이 없는 것 같아요. 솔직히 늘 좋지 않은 사례를 봐왔던 탓에 거부감도 좀 있어요. 그런 이유 때문에 제가 연애를 안 하는 걸 수 있지만, 주변 강요에 의해 시작하고 싶진 않아요.

'연애를 하면 얻는 게 더 많고, 무조건 내 편이 생겨서 좋아!'

아, 예~ 물론 좋겠죠. 근데 제가 그게 없어도 저 혼자서도 괜찮다니까요? 극구 괜찮다고 말해도 혹은 웃으며 그냥 넘어가려고 해도 안 해본 것보다 해보는 게 더 좋지 않느냐면서 핸드폰에 연애 어플을 깔 때까지 꼰대 같은 잔소리를 멈추질 않습니다. 저를 생각해서 하는 말인 건 아는데, 이런 주변의 강요가 더 연애를 하고 싶지 않게 만듭니다.

연애에 무관심한 저, 이상한가요? 저보고 연애하려고 노력해보라는 말들을 귀담아 들어야 할까요? 아니, 그보다도 저 거북한 말들을 퇴치하는 방법 좀 알려주세요!

거북한 이야기는 훨훨 날려 보내요

by. 친절한 T

　안녕하세요. 저도 20대 초반에 주변 사람들로부터 많이 들었던 이야기라서 공감하면서 사연을 읽었어요. 저는 연애도 결혼도 '선택'이라고 생각하면서 살고 있습니다. 웃어넘기려고 해도 핸드폰에 연애 어플을 설치할 때까지 꼰대 같은 잔소리를 멈추지 않는 분들이 계시다니…. 놀랄 노 자네요! 정말 힘드셨겠어요. 그들은 왜 이렇게까지 하는 걸까 하는 생각이 들었습니다. 아마 사연자님을 걱정한다는 명목으로 잔소리를 하는 것 같은데요. 당사자가 괴롭다고 말하면 하지 말아야죠.

거북한 말을 퇴치하는 확실한 방법
　주변에 연애 타령하는 인간들을 한번에 퇴치하고 싶다고 고민을 남겨주셨으니 조금 강력한 방법을 안내드릴게요. (웃음)
　단호하고 강한 어조로 말하기 어려운 분이라면 추천하는 방법인데요. 저도 종종 사용하고 있는데 효과가 꽤 확실합니다. 아무 말도 하지 말고 '가만히' 있어 보는 겁니다. 꼭 모든 말에 대답하지 않아도 된다는 사실을 기억하세요. 그러면 상대방이 사연자님에게 질문을 하거나 거북함을 눈치 채고 뒤로 물러서게 될 거예요.

그래도 거침없이 훈수를 둔다면 이런 말을 해보세요. "나는 어플을 다운로드 받고 싶지는 않아, 네가 내 생각해주는 것은 너무 고맙지만 연애를 꼭 해야 하는 건 아니라고 생각해."라고요. 불편한 마음을 단호하게 말하기 어렵다면 지금 나의 상황을 담백하게 설명하는 것도 좋을 것 같아요.

다음으로는 거부감을 조금 더 표현해보는 방법이에요. "자꾸 그렇게 이야기하면 내가 정말 이상한 사람이 된 것만 같아."라고요. 상대방의 제안을 거절하는 게 아니라 지금 내 마음이 어떤지를 설명하는 거죠. 그렇게 해도 문제가 해결되지 않는다면 당분간 거리를 두는 것도 좋을 것 같아요.

당신에게는 '연애하지 않을 자유'가 있다!

저는 다소 단호한 성격이에요. 그 덕에 웃지 않고 있으면 화났냐는 이야기를 듣기도 합니다. 진지한 표정을 하고 제 생각을 말하면 더 이상 강요하는 사람은 많지 않았습니다. 확실하게 드릴 수 있는 이야기는 연애하지 않아도 괜찮고, 결혼하지 않아도 그 상태 그대로 괜찮다는 거예요. 요즘은 연애든 결혼이든 선택의 영역이라고 많이들 생각하지만 여전히 그에 반하는 사회적 시선도 존재하죠.

더 이상 거북한 말들을 듣기보다 흘려보내는 일상이 되길 바랄게요. 연애하면 무조건 좋다는 사람들의 말보다 오늘만큼은 나를 아껴주는 주변 사람들에게 고마움을 표현해보시면 어떨까요?

다시 결혼할 수 있을까

이혼 사실, 남친의 부모님에게 어떻게 얘기해야 할까?
---

by. 늎나

저는 30대 중반의 이혼한 여성입니다. 자기소개 첫 줄부터 '이혼'이라는 단어를 꺼낼 만큼 저는 이혼했다고 밝히는 게 그다지 어렵지 않습니다. 저 스스로 당당하니까요. 그간 괜한 시선에 지지 않으려고 자존감을 높이며 제 삶에 집중하며 지내왔습니다. 이혼 아니, 결혼했었다는 사실을 잊을 정도로요. 그런데 요새 점점 자존감이 낮아지고 있습니다. 어쩌면 낮아졌던 자존감을 덮으려 일부러 당당한 척했던 건가 하는 생각도 들어요.

저는 현재 사랑하는 남자친구가 있어요. 이 친구와 먼 미래를 함께하고 싶고, 그도 저와 같은 뜻을 가지고 있다는 생각이 들어요. 하지만 결혼은 가족 간의 약속이 필요한 것이기도 하잖아요. 그래서 남자친구의 부모님께 어디서부터 말을 시작해 어떻게 설득해야 할지 고민입니다. 막상 말을 시작한다면 잘 얘기할 수 있겠지만, 그 시작을 어떻게 해야 할지 조금 어려워요. 과연 그의 부모님도 저의 상황을 이해해주실까요. 사실 두려운 마음이 큽니다. 제 주위에는 재혼 남녀가 없어서 이런 고민을 털어놓고 얘기할 사람이 없거든요. 혹시 주위에 이런 사례가 있다면 수소문해서 저의 고민을 해결해주실 수 있을까요?

근 손실 절대 지켜, 누군가를 사랑하는 마음 근육!

by. 독 없는 독심술사

사연을 보고 이 생각이 들었어요. '아, 부럽다.' 왜냐하면 저는 누군가를 사랑할 용기가 없는 사람이거든요. 그래서 타인의 이해를 구하려 노력하면서 누군가를 사랑하는 사연자님이 대단하다는 생각이 들었어요. 무엇보다 실패에 대한 두려움을 뒤로 하고 사랑하는 사람과 앞날을 약속하기 위해 고민하고 있다는 자체가 멋지더라고요. 그래서 답장을 시작하기 전에 꼭 말씀드리고 싶어요. 누군가를 사랑하는 힘이 정말 중요하다는 것과 사연자님이 그 엄청난 힘을 가지고 계시다는 걸요.

답은 늘 가까이에

사연자님의 고민을 보니, 아무리 사랑의 근력이 강한 분이라 하더라도 고민이 많이 되셨을 것 같아요. 주변에 자문을 구하기도 하고 제 나름대로 생각을 정리해 답변을 적어봅니다.

먼저 남자친구의 부모님에게 언제 어떻게 말을 꺼내서 설득해야 할지 고민이라고 하셨는데요, 저는 '설득'이 아니라 서로 '이해'하는 시간이 필요하다고 말씀드리고 싶어요.

일단 남자친구분과 충분히 얘기하고 논의해보세요. 애인의 가족이 어떤 분들인지 간접적으로 알아가보는 거예요. 그분들이 어떤 분들인지 알지 못한 상태에서 혼자 상상하다 보면 자존감만 떨어질 수 있어요. 혼자 고민하면서 미리 위축되지 마시고, 가까이 있는 남자친구분과 먼저 이 고민을 나누면 어떨까요? 그러다 보면 남자친구의 가족들에게 어떻게 얘기해야 할지 실마리가 보이기 시작할 거예요.

부모님은 세대가 다르기 때문에 생각의 차이가 있을 수 있다는 것을 기억해주세요. 여기서 중요한 건 그 생각의 차이를 꼭 좁히거나 넘어야 하는 게 아닙니다. 그 생각의 차이 때문에 사연자님이 다치지 않는 거예요. 그냥 '아~ 그렇구나.' 하고 넘어가는 유연함도 필요할 것 같아요. 사람들은 생각의 차이가 있으면 '설득'해야 한다고 생각하는데요. 하지만 이것은 '사랑'이지 '비즈니스'가 아닙니다. 또 우리가 하려는 얘기가 상상 못 할 판타지나 SF도 아니고요. 이혼도 사랑 이야기의 한 종류일 뿐일 뿐이죠. 그러니 '설득'하려 애쓰지 마시고, 조금 더 이해하기 쉽게 '설명'해 드리면 어떨까요?

그리고 가장 중요한 것! 사연자님에게 선택권이 있다는 것을 잊지 마세요. 결혼까지 가면서 겪게 될 과정이 앞으로 펼쳐질 결혼 생활을 상상해볼 수 있는 좋은 기회가 될 거라 생각해요. 이 과정에서 사연자님의 선택지와 마지노선을 정해볼 수 있지 않을까 싶습니다.

무엇보다 이 과정을 혼자 감당하지 마시고, 남자친구분과 함께 하시길 바라요. 이 시간을 함께 겪으면서 생기는 신뢰가 앞으로 그릴 미래의 기반이 되어줄 거예요. 그리고 한 번 더 확신을 얻게 될 수도 있겠죠. '아, 이 사람이라면…!' 하고 말이죠.

마라맛을 좋아하는 사회, 하지만 순한 맛도 분명 있다

"3주 후에 뵙겠습니다."

이 대사만 들어도 어떤 드라마인지 아시겠죠? 이 평범한 대사조차도 명대사로 남긴 「사랑과 전쟁」부터 「동상이몽」, 「환승연애」 등 사랑을 다룬 이야기들은 대부분 심장 쫄깃한 갈등이 넘쳐나고 무난한 사례를 찾기 어렵습니다. 하지만 절대 속지 마세요. 혀를 마비시키는 마라탕과 극강의 단맛인 탕후루가 유행하고 있는 것처럼 한국은 자극적인 콘텐츠에 몰두하는 사회입니다. 그러니 일반적인 사례는 찾기 힘들 수 있어요. 하지만 찾기 힘들 뿐이지 없는 건 절대 아닙니다.

주변에 재혼 커플을 수소문 해봤는데요. 너무 개인적인 이야기라 이 답장에 쓸 수는 없었지만, 가정을 이뤄 잘 살고 있는 커플이 꽤 많았습니다. 사연자님과 비슷한 커플부터 양쪽 모두 재혼인 커플, 아이가 있는 커플도 있었습니다. 이들에게 결혼 과정에서의 어려움을 물어봤는데요. 가족들의 반대에 대한 것은 거의 나오지 않았습니다. 오히려 '이번 결혼은 실패하지 않을 수 있을까?', '다시 사랑을 잘할 수 있을까?'에 대한 걱정이 있었다고 하더라고요.

사연자님은 '누군가를 사랑할 힘'을 가진 단단하고 지혜로운 분이기에, 이미 절반 이상 고민을 해결하시지 않았나 싶어요. 그러니 혼자 전전긍긍하지 마시고, 애인과 이 고민을 함께 나누며 사랑을 지속하시길 바랍니다. 눈나님의 사랑을 진심으로 응원합니다.

런챔 같은 사랑만 사랑인가요

힘든 연애만 골라서 하는 나, 이래도 괜찮을까?
---

by. 불나방

 안녕하세요. 33세 여성입니다. 저는 연애가 항상 고민이에요. 사랑하는 감정은 저에게 항상 큰 힘과 에너지를 줍니다. 하지만 주변에서는 항상 저의 연애를 걱정합니다.

 제가 항상 저와 너무 다른, 저를 힘들게 만드는 사람과 사랑에 빠지기 때문이지요. 사람은 원래 다른 사람에게 끌린다고 하지만 저는 그걸 넘어서 저를 힘들게 하는 사람에게 오히려 더 감정적으로 집착하게 되는 경향이 있는 것 같아요. 고민하고 걱정하는 마음이 들면 더 생각하게 되고 그래서 장난감을 좇는 고양이마냥 정신 못 차리고 좇아가게 됩니다.

 사람들은 저에게 안정감을 주는 사람을 찾는 게 좋겠다고 조언합니다. 저도 안정적이고 좋은 관계를 만들고 싶고 그런 사람을 만나기를 원해서 노력도 많이 해봤어요. 그런데 잘되지 않네요. 저는 불안과 사랑을 헷갈리고 있는 걸까요? 아니면 30대가 되어서도 안정감보다는 도파민 넘치는 연애에 끌리는 제가 너무 미성숙한 걸까요?

이제 제가 만나는 연애 상대들은 점점 현실적인 질문을 저에게 해오면서, 예전에 20대 때 만났던 연애 상대와 사뭇 다른 태도로 다가옵니다. 이런 마음가짐을 가진 저에게 30대의 연애는 쉽지 않네요. 저는 어떻게 해야 할까요?

불안과 사랑이 헷갈린다면

by. 다정한 흑염룡

이번 사연에 대해 제가 답장을 할 만한 깜냥이 되는지 고민을 좀 해봤습니다. 불나방님은 저보다 연애 경력도 많고 사랑에 대해 더 잘 알고 있을지도 모르겠어요. 사랑에 정답이 어디 있겠냐마는, 값진 고민을 나눠주셨으니 제가 아는 한도 내에서 정성껏 답변 드리도록 하겠습니다.

나를 힘들게 하는 사람 vs 안정감을 주는 사람

불나방님은 연애를 두 가지 유형으로 나누고 계시네요. 첫 번째 유형은 '나를 힘들게 하는 사람'입니다. 상대방에게 뭔가를 강하게 요구하고 구속하거나, 반대로 상대와는 상관없이 본인 내키는 대로 행동하는 사람을 만나면 맘고생 할 일이 많은 것 같아요. 내가 이 사람한테 맞춰야만 관계가 유지되니까요. 저 사람은 도대체 왜 저럴까 고민하고, 나를 사랑하지 않는 걸까 불안해하며 만나지 않는 때에도 상대방을 떠올리는 자신을 발견하게 되지요. 나를 불편하게 하기 때문에 더 많은 감정과 주의를 기울이는 동안 불나방님은 상대와 강하게 연결되어 있다고 느끼나 봅니다. 그것이 '사랑'이라고 여기는 듯하고요.

두 번째 유형은 '안정감을 주는 사람'입니다. 연애하면서 안정감을 느낄 때는, 아주 오래 만나서 서로에 대해 잘 안다고 여길 때 혹은 상대가 나를 훨씬 더 좋아해서 나한테 더 맞춰주는 때인 것 같아요. 사연에서 안정감을 주는 사람과는 노력해봤지만 잘되지 않았다고 하신 걸 보니 아마도 후자인 듯하네요. 나한테 잘 맞춰주는 사람과는 만나는 동안 갈등할 일이 별로 없겠지요. 그만큼 상대방에 대해서는 알기가 어렵겠고요. 내가 하는 말에 동의해서 끄덕거리는 것인지도 모르겠고, 상대가 무엇을 좋아하고 싫어하는지 가늠하기가 어렵습니다. 물어보면 답변해주겠지만 불나방님의 속성상 딱히 궁금증도 생기지 않을 것 같아요. 나를 자극하지 않아서 호기심도 생기지 않는 상대에게 굳이 질문 거리가 있을까요? 아마도 이런 관계는 지루하거나 권태롭다고 느낄 것 같아요.

그런데 관계를 이 두 가지 유형으로 무 자르듯이 나눌 수 있을까요? 연애 초기에는 나한테 다 맞춰주며 무한 애정을 퍼붓던 사람도 시간이 지나면 자신의 성정대로 행동할 수도 있고, 반대로 초창기에는 본인 위주로 관계를 맺던 사람이 시간이 흐르면서 상대방의 감정에 주의를 기울이며 사랑을 더 갈구하게 될 수도 있고요.

중요한 것은 이렇게 관계가 변화하는 것을 보려면 오랜 시간 관계를 유지해야 한다는 것입니다. 도파민 팡팡 터지는 연애는 자극적이지만 오래 유지하기는 어려운 것 같아요. 일단 피곤하잖아요. 우리가 연애만 하고 살 것도 아니고 이제는 30대니까 일만 해도 많은 에너지를 뺏기잖아요. 그럼에도 불구하고 이런 관계를 더 선호한다는 불나방님은 어쩌면 본인의 말대로 불안과 사랑을 헷갈리고 있는 것은 아닐까요?

안정감을 주는 연애, 왜 어색할까?

조심스럽지만 불나방님은 어쩌면 어린 시절에 주양육자와 불안정 애착 관계를 경험했거나 부모님이 불안정한 관계를 맺는 것을 오랫동안 목격했는지도 모르겠습니다. 사랑이 든든한 신뢰와 믿음으로 연결되는 관계가 아니라, 예측할 수 없는 상대를 기다리고 애태웠다가 만나면 너무 반갑고 그리운 마음이 배가 되는 불안정한 관계가 사랑이라고 정의한 것은 아닐까요? 관찰과 경험만큼 강력한 학습 방법은 없으니까요.

이런 짐작을 하는 이유는, 제가 그런 경험을 한 당사자이기 때문입니다. 10대 시절 내내 엄마를 불안하게 하는 아빠를 보고 자란 저는, 남자란 근본적으로 여자를 불안하게 하는 존재라고 무의식적으로 가정한 것 같아요. 그래서인지 만나는 남자마다 죄다 '내 거친 생각과~ 불안한 눈빛과~ 그걸 지켜보는 너~' 같은, 임재범의 「너를 위해」에 나오는 가사마냥 야생마처럼 거칠게 사는 인생들이었습니다. 반드시 그의 곁에서 지켜주지 않으면 망가질 것 같은 그런 애틋한 연애, 아니 무수리짓을 엄청 해댔습니다. 상처받는 줄도 모르고 그게 사랑이라고만 생각했거든요.

그러다 보니 안정감 주는 상대를 만났을 때 어색했어요. 이게 뭐지? 내가 애쓰지 않아도 관계가 유지된다고? 저 사람은 예측 가능한 방식으로 내 곁에 머물러준다고? 커다란 울타리가 되어주는 포근한 이 사람이 내 연인이라고? 이런 사람은 가랑비에 옷 젖듯이 스며들더라고요. 강한 자극은 없지만 서서히 나의 세계를 물들이는 사람과 함께 맞이하는 날들은, 때때로 지루하기도 하고 권태롭기도 했지만, 근본적으로 저를 지탱하는 힘이 되었습니다. 무엇보다 나를 있는 그대로 받아들여주는 사람이 곁에 있다는 게 살아가는 내내 힘이 되더라고요.

사연에서 이제 만나는 연애 상대들은 현실적인 질문을 해온다고 하셨는데, 아마도 결혼을 염두에 두는지를 묻는 거겠죠? 매순간의 감정적인 연결을 중시해온 불나방님 입장에서는 미래의 계획을 세워두고 만나자는 제안이 부담스럽게 느껴질 수도 있겠어요. 친구들이 말하는 안정적인 남자란, 경제적인 조건도 있겠지만 너를 편하게 해주는 사람을 만나라는 의미도 있을 거예요. 하지만 그런 남자를 만나면 끌리지가 않고 연애 자체가 성립할 수 없는데 참고 만나는 것도 말이 안 되고요. 그래서 고민 상담을 하신 거겠지요.

연결의 감각에서 믿음의 관계로

제가 드리는 조언은 이렇습니다. 지금까지 그래왔듯 마음 가는 대로, 나를 홀리게 하는 사람을 만나세요. 아마 장난감 좇는 고양이처럼 또 이리저리 휘둘리며 사랑에 빠지겠죠? 그러는 동안 실컷 그 사람을 탐구하며 연결된 감각을 충실히 느껴보세요.

대신 순간에만 머무르지는 않기로 해요. 함께하는 시간을 쌓고, 관계를 쌓아나가며, 신뢰의 블록을 하나하나 쌓아가보는 거예요. 상대를 이 정도면 알 만하다 싶을 때까지 차근차근 알아가봅시다. 너무 서두르지 말고요. 그러다 안정적인 관계를 경험해보는 걸 목표로 삼으면 어떨까요? 물론 상대가 어떤 사람인지도 중요하겠지만, 그보다 중요한 건 내가 다른 시도를 해보는 거니까요. 사랑에

열렬한 의지를 갖고 계신 분이니, 이제는 그 에너지로 장거리 마라톤을 경험해보자는 거죠.

사랑의 스펙트럼은 넓습니다. 지금까지 불나방님이 먹어본 것이 신라면에서 불닭볶음면 사이에 걸쳐 있다면, 이제부터는 평양냉면의 슴슴한 맛까지도 품어보는 게 어때요? 미각이 발달한 사람은 세세한 맛까지 다 느끼고 표현할 수 있다잖아요. 불나방님이 사랑의 다채로운 빛깔을 경험하시길 바라겠습니다. 강한 도파민으로 가득한 세계에서 잔잔한 옥시토신의 바다로 나아가는 경험을 해보시길 바라요. 사랑의 모험을 응원합니다.

아무래도 불편한 친구

너무 다른 친구, 관계를 유지해야 할까요?
---

by. 단짝캔디

　날씨가 추워지니 지금은 멀어진, 옛날 친구들이 생각나요. 아주 어릴 적부터 저는 가족보다 친구를 더 의지하곤 했어요. 같은 나이 대의 친구들은 현명한 조언을 해줄 수는 없어도, 적어도 제 마음을 진심으로 알아주고 이해해줬기에 제게 살아갈 힘을 주는 존재였어요. 연인이야말로 '시절 인연'에 불과하고, 친구야말로 영원한 제 편이라고 믿었죠.

　그런데 대학을 가고, 취직을 하고, 사는 곳도, 가치관도 달라지면서 일 년에 한두 번 만나는 친구와의 대화가 불편해지기 시작했어요. 앙금이 차곡차곡 쌓여 폭발한 뒤로 안 보고 사는 친구도 여럿이에요. 웬만한 갈등은 말로 풀 수 있다고 믿는 저인데, 가족보다 가깝게 여겼던 친구들과 물리적으로 거리가 멀어지고 나니 갈등을 해결하기가 어렵더라고요. 지금도 그런 친구가 있는데, 관계를 유지해야 할지 말아야 할지 고민입니다.

이 친구는 저랑 정치적 성향이 너무 달라서 만날 때마다 스트레스를 받아요. 지금 친하게 지내는 친구들은 모두 페미니스트에, 지지하는 정당도 비슷해서, 척 하고 척 하고 알아듣거든요. 그런데 가끔 만나는 이 친구는 성차별은 어쩔 수 없다는 뉘앙스의 말을 하기도 하고, 투표도 저와 정반대 그룹에 한 것 같아요.

하지만 그것은 저와의 다름일 뿐이고, 기본적으로는 좋은 사람입니다. 저와 지금껏 좋은 사이로 지내왔고요. 하지만 이 정치적 입장 차이 때문에 만나서 대화를 나눌 때마다 괴롭습니다. 제가 토론회에 나온 것도 아니고 만날 때마다 친구를 상대로 일장연설을 할 수도 없는 노릇인데, 가끔 만나서 이런 일로 얼굴 붉히기에도 좀 그래요. 이제는 만나기로 약속을 잡으면 그 전부터 스트레스를 받아요.

저와 달라도 너무 다른 친구와의 관계를 어떻게 하면 좋을까요?

나와 다른 사람과 살아가는 방법

by. 독 없는 독심술사

저도 얼마 전 가치관이 안 맞는 사람과 얘기하다가 화병 날 뻔한 적이 있어요. 초면인데 저보다 나이도 많은 분이 구시대적인 말을 나열하더라고요. 거기에 반박을 했더니 2절, 3절이 돌아오지 뭐예요. 더 얘기하면 말만 길어질 것 같아서 꾹 참는데, 아주 혼나는 줄 알았어요. 가치관이 안 맞는 사람하고 얘기하는 것 참 힘겹죠. 마치 벽에 대고 소리 치는 것처럼요. '스트레스 받는다'는 이 짧은 한 줄에서 그 고충이 느껴졌습니다. 반대로 서로 입장 차이를 확인하고, 서로 눈치를 보는 경우도 있죠. 관계를 유지하기 위해서는 침묵이 답인 것처럼요. 그런 조심스러움도 가시방석에 앉아 있는 것 같아 아주 불편하고요.

사연을 보고 문득 마스다 미리의 『아무래도 싫은 사람』이 생각나 책을 펼쳐봤어요. 7쪽 즈음에 주인공 마스다 미리가 '싫다'의 정의를 찾는 장면이 나옵니다.

'싫다, 그것을 보거나 듣거나 상대하는 것이 불쾌한 것.'

반대로 '좋다'도 찾아봅니다.

'좋다, 마음이 끌리는 것.'

정의가 꽤 정확하죠? 사연자님은 그 친구를 만나 얘기를 나눌 때 어떤 기분이 드나요? 좋은가요? 싫은가요? 꼭 좋고, 싫음으로 나누라는 것이 아닙니다. 그 사람에 대한 평가를 하라는 것은 더더욱 아니고요. 사연자님의 감정이 어느 쪽에 속하는지 좀 더 자세하게 살펴보면 좋겠다는 의미죠. 결국 관계는 서로의 다름을 인정하고, 받아들이는 것입니다. 그것이 상호 잘 이루어지고 있다면, 불편하지 않고 여전히 서로 끌리는 사이였을 거예요.

'친하다'는 의미에 대해

사람들은 눈빛만 봐도 아는 그런 사이를 '친한 사이'라고 말하기도 합니다. 하지만 꼭 사이좋게 지내야지만 친구이고, 친한 사이일까요?

제 친구가 해준 얘기인데요. 직장에서 서로 가치관이 극과 극으로 다른 동료가 있었다고 해요. 이 두 분도 정치적인 가치관이 달라 자주 티격태격하더래요. 그런데 서로 절대 바뀔 수 없고, 설득이 불가능하다는 것을 알기 때문에 서로를 있는 그대로 받아들였다고 해요. '너는 그렇게 생각해? 역시 나랑 정말 다른 사람이야. 그래서 재미있어.' 이렇게요. 관계는 꼭 어느 한쪽이 져줘야 하거나 설득이 돼서 같은 생각을 해야지 유지되는 건 아닐 거예요. 나와 전혀 다른 관점을 경험할 수 있다는 마음이라면, 서로의 다름을 좀 더 유연하게 받아들일 수 있을 거예요. 사연자님도 친구와 다르게 생각하는 점을 자연스럽게 표현해보면 어떨까요? 옳고 그름을 떠나서 다르다는 것을 보여주는 거죠. 친구분이 이 다름을 수용한다면 여전히 친구로 남을 수 있지 않을까요?

친구가 불편하다고 해서 꼭 관계를 끊을 필요는 없어요. 적당히 거리를 두고 지내는 방법도 있습니다. '지금의 나'와 맞지 않는다고 해서 관계를 칼같이 잘라낼 필요는 없잖아요. 훗날 나이가 들고 어떤 공통분모에서 만나 다시 가까워지는 날이 오면, 그때 다시 '나에게 좋은 사람'이 될 수도 있겠죠. 지금은 스트레스를 받을 만큼 관계를 유지하는 게 힘겹다면 멀어지는 상태로 두는 건 어떨까요. 일 년에 한두 번 만나는 대신 전화나 카톡으로 간단한 안부를 물어도 괜찮겠지요. 친구와의 적정 거리를 찾아보시길 바랍니다.

내가 선 넘은 걸까?

가까이 다가갈수록 멀어지는 친구
---

by. 양파

친구가 부담스러워할까 봐 다가가는 게 주저돼요.

고등학교 때부터 알고 지낸 친구가 있어요. 저는 그 친구와 꽤 친하다고 생각하고 있거든요. 그런데 친구와 얘기를 나누다가 "나는 사람이랑 너무 가까운 거 말고, 서로의 선을 지키는 게 좋더라."라는 말을 들었어요. 저는 친구가 얘기할 때 자세하게 알고 싶어서 구체적으로 물어볼 때가 있거든요. 그래서 순간 '나한테 하는 얘기인가?' 싶더라고요.

그때부터 친구에게 자세하게 묻는 걸 주저하게 되었어요. 그러다 보니 친구가 얘기할 때 제 반응도, 대답도 단조로워지고, 점점 친구랑 멀어지는 느낌이 들더라고요. 요즘은 친구도 저를 어색해하는 느낌입니다. 하지만 이걸 탁 터놓고 얘기하기에는 친구가 한 말도 있고, 저도 용기가 나질 안 나요.

취향도 취미도 잘 맞는 친구이기에 멀어지고 싶지는 않아요. 하지만 친구가 한 말이 있어 다가가는 것도 주저되고, 저 혼자만 친하다고 생각한 것 같아 자존심도 상합니다. 어떻게 해야 할까요?

사람의 마음이란 어렵고도 어렵지만

by. 친절한 T

안녕하세요. 양파님. 저도 누군가와 가까워지는 데 오랜 시간이 걸리는 성향이라 친구의 이야기에 공감하면서 사연을 읽었어요. 관계라는 건 참 어려운 것 같아요. 사람 마음이 다 내 맘 같으면 좋겠지만 우리는 다 다른 존재잖아요. 나는 친하다고 생각했는데 친구는 멀어지려고 하는 것 같아서 신경이 쓰이고 속상했겠어요.

적당한 거리를 원하는 사람의 마음

저 역시 "나는 사람과 가까워지는 게 별로야. 적당한 거리가 편해."라는 말을 달고 살았던 적이 있어요. 거리를 두는 데는 여러 이유가 있겠지만, 어쩌면 자신을 지키기 위한 선택일 수도 있어요. 사람과 가까워지는 것에 대한 막연한 두려움이 그 저변에 깔려 있을 수도 있고요. 저도 누군가와 친해지는 데 굉장히 오랜 시간이 걸리는 편이고 상대방이 다가오려고 하면 오히려 한 발자국 뒤로 물러서는 편입니다. 돌이켜 생각해보면 상대방을 받아들일 마음의 준비가 되지 않아서 당황했던 것 같아요. 그래서 충분한 시간과 진솔한 대화들이 쌓였을 때 비로소 관계를 맺을 수 있는 것 같아요.

저처럼 가까워지는 게 두려운 사람들은 그만큼 타인에게 민감하게 영향을 받는다는 걸 의미하기도 해요. 그래서 너무 가까워지는 것을 경계하고 내가 생각하기에 상처받지 않는 범위 안에서만 관계를 맺으려고 할 수 있어요. 그렇다면 친구분은 왜 거리를 두려고 하는 걸까요?

하나, 가까워지고 난 뒤에 관계가 멀어지는 것에 대한 두려움이 있을 수 있어요. 과거 그러한 경험이 있다면 더욱 적당한 선을 만들고 나를 지키려고 할 거예요. 그래서 내 이야기를 많이 하거나 본모습을 드러내지 않을 수 있어요.

둘, 누군가와 가까워지면 나의 독립적인 상태를 침범할 거라는 막연한 불안감이 있을 수 있어요. 내가 선택할 수 있는 주도성을 빼앗기지 않을까 하는 생각을 하게 되죠. 그래서 누군가가 친밀한 영역에 들어오는 걸 원천 봉쇄하기도 합니다.

셋, 친밀한 관계가 생기면 내가 너무 의존하지 않을까 하는 걱정을 하기도 합니다. 과거 누군가에게 의존하거나 응석을 부려본 경험이 없다면 더욱 자신의 취약함을 드러내기 어려울 수 있어요.

가설은 가설일 뿐

그런데 정말 친구는 사연자님과 가까워지는 게 부담스러운 걸까요? "나는 사람이랑 너무 가까운 것 말고, 서로의 선을 지키는 게 좋더라."라는 친구의 말은 어떤 의미일까요? 정말 이 말은 사연자님에게 하는 말이었을까요? 가설은 가설일 뿐, 혼자 속앓이를 하기보다는 분명하게 확인하는 게 필요해요. 쉽지 않겠지만 친구에게 본인의 마음을 전달해보면 어떨까요? 그냥 솔직하게 마음을 드러내보는 거예요. 예를 들면 이렇게요.

"네가 지난번에 선을 지키는 게 좋다고 말한 적이 있잖아. 사실 그 말이 계속 신경 쓰이더라고. 내가 너한테 구체적으로 이런저런 것들을 물어볼 때가 있잖아. 나는 너랑 친해지고 싶어서 그런 건데 혹시 부담이 되는 거니?"

그러면서 이 말을 덧붙여주시면 더욱 좋을 것 같아요.

"사람마다 속도가 다르잖아, 내 속도가 좀 빠르게 느껴진다면 너의 속도에 맞춰 천천히 가보려고. 나는 너랑 친하게 오래도록 지내고 싶거든."

나의 진심을 전하되 친구의 마음도 헤아려준다면 솔직하게 대화할 수 있지 않을까요.

물론 친구분이 지금의 관계가 부담스럽다는 말을 돌려서 전달한 것일 수도 있고, 아닐 수도 있습니다. 전자라면 조심스럽게 내 마음을 전달하고 친구의 속도를 존중하면서 기다려보면 어떨까요? 친구에게는 신뢰를 쌓을 시간이 필요할 수도 있어요. 만약 후자라면 서로를 이해하고 관계가 돈독해지는 계기가 될 거예요.

자존심을 넘어 마음을 전하는 연습

친구가 보이지 않는 순간에도 관계를 고민하고 있다는 것은, 그만큼 그 친구를 소중하게 여긴다는 의미일 거예요. 단순히 친구와 가까워지고 멀어지는 차원을 넘어 이번 경험을 계기로 나의 속마음을 터놓고 상대의 마음도 들어보는, 그런 진솔한 대화의 시간을 갖길 바랄게요.

영업 5일 차 고민 영수증

인생에 터닝포인트가 필요한 순간

백수는 내 천직

노는 게 제일 좋아

by.하얀손

직장 생활만 12년, 이직하며 정말 쉬지 않고 12년을 출퇴근했습니다. 그리고 얼마 전, 다니던 회사를 그만뒀어요. 제 고민은 여기부터입니다. 출근 없는 생활의 달콤함을 알아버렸습니다. 노는 게 너무 좋아요! 종일 침대 위에 있어도 지겹지가 않아요. 그렇게 생활하기를 벌써 8개월이 지났습니다. 실업 급여도 끊겼고 불쑥불쑥 불안감이 찾아와요. 주변에 다른 사람들은 열심히 일하고 있는데 나는 이렇게 있어도 되나 싶더라고요. 딱히 뭐라고 잔소리하는 사람도 없는데 괜히 눈치가 보입니다. 자존감은 떨어져가고 몸은 도무지 움직여지지 않아요. 좀 더 놀고 싶다는 생각도 있고요. 이렇게 허송세월하다가 다음 경력을 이어나가지 못할까 봐 걱정입니다.

방학이 끝나가는 소리

by. 다정한 흑염룡

"난 하면 잘하는 아이입니다. 아직 의욕은 없습니다."

이 사연을 읽자마자 생각난 '짤'이에요. 귀여운 캐릭터가 침대 위에서 일어나려다가 다시 눕는 장면이 그려져 있어요. 암요, 다시 누워야죠. 12년을 쉼 없이 일하셨는데 어떻게 단번에 일어날 수가 있겠어요. 교수한테는 안식년이라는 제도가 있잖아요. 학교마다 다르지만 어느 대학은 5년 일하면 6개월, 10년 일하면 1년을 쉴 수 있도록 보장해준다고 합니다. 그러니 12년을 직장인으로 일한 사연자님도 좀 더 누워 있어도 됩니다. 의욕 없는 게 당연하죠. 이 책도 침대에 누워 이불을 끌어당긴 채로 뒹굴뒹굴 하며 읽으시길 바랍니다.

개학 증후군을 아시나요

사연자님은 어릴 적, 방학 숙제를 미리 해두는 학생이었나요? 저는 단연 벼락치기 파였습니다. 중간이든 기말이든 개학이든 발등에 불이 떨어져야만 움직이는 유형이었죠. 그중 가장 싫어하는 것이 방학 일기 쓰기였는데요, 개학 일주일 전부터 억지로 책상 앞에 앉아 숙제를 하고 있노라면 몸이 배배 꼬이고 배도 아프고 잠도 쏟아지고 그랬던 기억이 납니다. 이처럼 개학이 다가오기 전 심한 스트레스를 받아 두통, 복통을 호소하거나 불안함을 느끼는 심리 상태를 개학 증후군이라고 하는데요, 저처럼 방학 숙제하기 싫어하는 아이들은 반드시 거치는 필수 코스가 아닌가 싶습니다. 숙제도 미리 미리 해두고, 개학 날에 입을 옷도 코디해두고, 방학 동안 보지 못했던 친구들을 만나 수다도 떨면서 마음의 준비를 했더라면, 개학을 기다리는 학생이 되었을지도 모르겠네요.

슬슬 불안해지는 걸 보니 사연자님도 이제 개학 준비를 해야 할 시기인 것 같아요. 다음 학기에 들고 갈 책도 한번 들춰보고, 공책도 사고, 필기구도 준비하면서 설레는 마음을, 아니, 긴장된 마음을 추슬러야 할 때가 다가온 듯합니다. 문제는 백수에게는 오라는 곳이 없기 때문에 이 개학 준비를 무한정 미룰 수 있다는 점입니다. 언제까지요? 불안이 머리끝까지 차올라 더 이상 이불 안에 머무르는 것이 안온하게 느껴지는 것이 아니라 나 자신이 대책 없이 한심하게 느껴질 때까지요!

백수의 세계에도 프로가 있다면

저는 사연자님의 마음을 알 것 같아요. 놀아도 놀아도 지겹지 않은 백수 시절을 저 또한 경험한 적이 있거든요. 동거인은 아침 일찍 출근하고 저는 오전 열 시쯤 느지막이 일어나 아침밥을 천천히 지어 먹습니다. 있는 반찬, 없는 반찬 다 꺼내서 한상 차려먹고 나면 설거지를 하고 드립커피를 한 잔 내립니다. 그 다음, 옥상에 나가서 햇빛을 만끽하며 담배를 한 대 피우는 거예요. 그때의 그 행복감이란! 하늘을 보며 생각했습니다. '큰일이네, 난 백수가 체질인가 봐. 매일매일 이렇게 살 수 있다면 영원히 살고 싶다.' 제 꿈은 시간 많은 어른이 되는 거였어요. 퇴직금도 있겠다, 마침내 그 꿈을 이룬 저는 대통령 할아버지도 부럽지 않은 사람이 되어 있었습니다. 동거인이 있으니 규칙적으로 아침, 저녁도 해먹고 헬스장이며 수영장이며 부지런히 다니며 운동도 배우고, 주변에 저처럼 회사를 그만두고 '잉여'가 되는 친구들이 있어 만날 사람도 끊임없이 있었고요. 씀씀이가 본디 적은지라 돈도 별로 아쉽지 않았습니다.

이 생활을 그만두게 된 것은 '불안' 때문이었어요. 이불 속 생활은 여전히 좋았지만 소중한 시간을 허비하고 있다는 생각이 점점 들기 시작했습니다. 뭔가를 더 배워야 할 것 같기도 하고, 새로운 시도를 해봐야 할 것 같은데 그게 뭔지는 알 수 없었어요. 그 무렵, 알음알음 외주로 일을 조금씩 맡게 되었습니다. 그러다 친구 따라갔던 학원이 재미있어서 거기서 프로젝트를 하나 맡아서 했던 것이 일이 커져 오늘날에 이르게 되었네요. 돌이켜보면 8개월 정도는 원 없이 놀고, 프리랜서로 일하며 여기저기 기웃거린 워밍업 기간이 1

년 정도 된 것 같아요. 무언가에 쫓기지 않고 이 시절을 보내고 나니, 나중에 다시 일 때문에 바빠졌을 때 덜 억울하더라고요. 성인에게도 방학은 필요합니다. 나를 위해 한 없이 늘어져본 경험이 있으면 나중에 신발 끈을 고쳐 매고 뛰어야 할 때 뒤돌아보지 않고 직진할 수 있어요. 다만 그 전환이 쉽지 않을 뿐이죠.

연착륙을 위해서

비행기가 활주로에 안전하게 닿으려면 고도를 천천히 낮춰 부드럽게 착륙해야 합니다. 이걸 '연착륙(소프트랜딩, soft landing)'이라고 합니다. 반면 비행기가 급격히 고도를 낮춰서 비행기에 손상을 입힐 정도로 큰 충격이 발생하는 상황을 두고 '경착륙(하드랜딩, hard landing)'이라고 합니다. 백수로 하늘을 나는 기분으로 살아왔는데, 요즘 따라 부쩍 불안을 느끼고 자신감이 떨어진다면 땅에 발붙일 마음의 준비를 하고 연착륙을 시도해야 시점인 것 같아요.

침대 위에서 유튜브를 보다가 어느 날 갑자기 구인구직 사이트에 들어가면 본인에게 너무 스트레스이지 않을까요? 마음의 준비를 할 수 있도록 자신에게 여유 시간을 주면 어떨까요? 평소 하고 싶었던 일이 있다면 작게 도전해봐도 좋고요, 마땅한 관심사가 생각나지 않는다면 여기저기 다니면서 탐색을 해봐도 좋겠지요. 일단은 따뜻하고 안전한 침대를 박차고 나가는 것부터 해야겠네요. 계절

이 바뀌니까 옷장도 한번 열어보고, 안 입는 옷도 정리하고, 필요하면 새 옷도 사고, 이전 동료들은 뭐하고 사는지 연락도 한번 해보시면서 침대 밖에서 생활하는 시간을 조금씩 늘려보면 어떨까요? 그러다 집 밖에도 나가고, 다른 세계로도 훌쩍 떠나보는 거예요. 12년간 성실하게 직장인으로 살아온 사연자님이라면, 무슨 일이든 한번 시작하면 끝까지 해내실 것 같아요. 다만 지금은 의욕이 없을 뿐이죠. 그러니 부담스럽지 않을 정도로만, 한 발 한 발 밖으로 나가보자고요.

개학이 곧 다가오니까요.

정해진 트랙을 벗어나면 게임 오버?

입시를 미루고, 제가 하고 싶은 것에 도전하고 싶어요

by. 케이

저는 올해 수능을 앞두고 있습니다. 다들 수능 보고 대학 가는 걸 당연한 수순으로 생각하는데요, 저는 이 과정을 1년만 유예하고 싶어요. 재수를 한다는 의미가 아니에요. 제가 하고 싶은 걸 하는 시간을 스스로에게 주고 싶어요. 그런데 주변에서는 어차피 1년 뒤에 대학을 갈 거라면, 그때 가서 힘겹게 수능을 준비하느니 대학에 입학하고 나서 휴학하라고 합니다. 지금 당장 어느 한쪽을 결정하고 집중하고 싶은데, 어떻게 하는 게 좋을까요?

자신에게 유예 시간을 주고 싶다면

by. 독 없는 독심술사

안녕하세요, 케이님. 사연을 보고 나니 꼭 안아주고 싶네요. 그간 고생했다는 말을 전하고 싶어요. 나를 위한 시간이 필요하다고 느끼는 건, 그만큼 숨 가쁘게 살았기 때문이라고 생각해요. 그동안 여유가 없었기 때문에 잠깐 숨도 고르고, 갈증도 채우고 싶었던 거 아닐까요.

맞아요, 사회에는 사람들이 말하는 '일반적인 트랙'이라는 게 존재해요. 학교를 다니고, 수능을 보고, 대학을 가는 것이 당연한 수순이라고 말하는 것처럼요. 왜 대다수의 사람들이 그 트랙을 선택할까요? 더 좋은 선택이기 때문에? 성공할 가능성이 높으니까? 아니요, 일반 트랙을 밟으면 어느 정도 '예상 가능한 미래'에 도달할 수 있기 때문이에요.

그런데 일반 트랙을 벗어나면 틀린 길을 가는 걸까요? 답은 케이님도 이미 알고 계실 거예요. 사람들이 많이 지나가 다듬어진 길을 가는 것이 더 수월한 건 사실입니다. 효율적인 선택이죠. 대학에 일단 입학한 다음에 휴학하라는 말도 마찬가지예요. 어른들이 이 길을 권하는 이유도 같습니다. 바로 쉽기 때문이죠. 하지만 쉬운 선택이 곧 '나를 위한 선택'이라는 보장은 없어요. 나를 위한 선택을 하기 위해서는 무엇이 필요할까요?

나만의 트랙을 달리는 러너를 위한 마음가짐 세 가지

직접 경험해보지 않는 이상, 내가 선택한 길이 쉬울지 어려울지는 알 수 없어요. 하지만 트랙의 난이도와 상관없이 반드시 가져가야 할 마음가짐 세 가지가 있습니다. 바로 남과 다른 길을 스스로 선택할 '용기', 그 선택에 대한 '책임감', 그리고 고독함을 견딜 수 있는 '단단함'입니다.

저는 검정고시로 고등학교를 졸업했는데요. 당시 방송 작가를 꿈꾸고 있던 저는 정규 교육보다 밖에서 다양한 경험을 하는 게 도움이 될 거라 생각해 과감히 자퇴를 했습니다. 하지만 목표에 가까이 가기 전까지는 제 선택을 끊임없이 의심했어요. 뭔가를 선택하고 결정하는 것이 처음은 아니었지만, 내 삶의 결정적인 순간에 이렇게까지 주도성을 발휘해 큰 결정을 하는 것은 처음이었거든요. "저 자퇴할게요." 하고 말하는 데까지는 큰 용기가 필요했어요. 동시에 '책임감'이 무엇인지 깨달았습니다. 이 말을 내뱉는 순간, 선택의 무게가 확 느껴지더라고요. 이후의 결과는 제가 책임져야 하니까요.

하지만 너무 두려워 마세요. 그 무게가 가볍지는 않지만, 그렇다고 견디지 못할 정도는 아닙니다. 선택의 무게를 견디기 위해 스스로 단단해지면 되니까요. 제가 검정고시 공부를 하러 도서관에 가는 길, 교복을 입고 지나가는 또래 친구들을 마주친 적이 있어요. 그들과 다른 저의 모습을 보고 처음으로 제 선택에 대해 의심했어요. 한동안 교복을 입은 친구들을 볼 때마다 마음에 구멍이 난 것처럼 싱숭생숭하더라고요. 남 다른 길을 간다는 건 그런 거예요. 당연한 풍경 속에 나는 들어갈 수 없다는 사실을 인정하는 것. 그리고 고독함을 받아들이는 것. 내년에 친구들이 대학에 입학해 캠퍼스 라이프를 누릴 때, 케이님은 홀로 수능 공부를 하고 있을 수도 있어요. 이로 인한 고독감은 오롯이 자신의 몫입니다.

이걸 견디는 '단단함'은 처음부터 갖출 수 없어요. 내가 선택한 길을 걸으면서 차츰 익혀가는 거예요. 마치 근육을 단련하듯이 말이에요. 저는 이 과정에서 감정에 질문을 던지는 법을 익혔어요. 교복 입은 친구들을 보고서 '나는 왜 이런 기분이 들까? 교복이 입고 싶었나? 친구가 그리웠나? 지금 내게 필요한 것은 소속감이 아닐까?' 하고 질문하다 보면, 내가 원하는 게 무엇인지 정확히 알게 되더라고요. 그렇게 저는 점점 남 다른 것, 나만의 고유한 답을 하나씩 갖게 되었습니다.

저는 과거의 선택에 대해 조금도 후회하지 않습니다. 그때의 경험이 지금 사회생활을 하는 데 큰 도움이 되고 있거든요. 용기 있게 선택했던 경험 덕분에 다른 일을 선택하고 결정할 때 주저함이 줄어들었어요. 선택할 때 무엇을 고려하면 되는지, 나만의 기준을 알게 된 거죠. 그때의 경험과 감정, 그리고 학교에서 만나지 못할 사람들을 만난 덕분에 제 세계관도 넓어졌답니다.

하나 더, 결과에 대한 책임은 혼자 짊어지지 않아도 됩니다. 선택한 길을 가다가 버거우면 부모님이나 친구들에게 털어놔도 괜찮아요. 이게 별거 아닌 것 같아 보여도, 생각보다 책임감에 대한 무게를 덜어주더라고요.

하기 싫은 것은 확실한데, 하고 싶은 것은 명확하지 않을 때

나를 위한 시간을 갖고 싶다고 말은 했지만, 저처럼 하고 싶은 게 명확하지는 않다고요? 괜찮아요. 내 마음이 무엇을 원하는지 알고 있다는 것만으로도 충분합니다. '하고 싶은 것'을 꼭 명사나 동사로 지금 당장 명쾌하게 설명할 필요는 없어요. 우리가 선택해서 가려는 트랙이 아직 이름도 없는 샛길인데, 그걸 설명할 수 있다는 게 더 이상하죠. 직접 가보고, 그 다음에 그 트랙이 어떤 경험이었는지 설명하고 이름을 붙여주면 됩니다.

다만 한 가지 주의할 점을 말씀드리자면, 선택 후에 오는 감정에 취하면 안 된다는 사실입니다. 보통 일반적인 트랙을 선택하면 함께하는 사람들이 많아 '안도감'이 들고, 그 트랙에서 벗어나면 '해방감'을 느끼게 되거든요. 안도감이든 해방감이든 잠깐 스쳐지나가는 기분일 뿐이에요. 사이다를 마시면 입에 도는 청량감에 개운하게 소화된 것 같지만, 실제로 소화된 것은 아니듯이 말이에요. 일시적인 기분에 속지 않기를, 이를 위한 선택은 하지 않기를 바랍니다. 왜냐하면 우리는 선택 이후에도 긴 일상을 살아내야 하니까요.

  살면서 이런 마음은 언제든 찾아올 수 있어요. 대입뿐만 아니라, 취업, 연애, 결혼, 출산 등등 '일반적인 트랙'은 어디에든 놓여 있으니까요. 그 길을 가도 괜찮습니다. 내가 안정적인 것을 원한다면 그것도 '나를 위한 선택'이니까요. 여기서 중요한 것은 내가 무엇을 원하는지 고민해봐야 한다는 것입니다. 어쩌면 지금이 그걸 연습하는 기회인지도 모르겠어요. 우리에게 필요한 것은 '정답'이 아니라 '나에게 가장 잘 맞는 답'을 찾아가는 과정입니다. 그 선택에 맞고 틀린 것은 없습니다. 선택할 자유도, 방황할 자유도 모두 나에게 있으니까요. 그에 따르는 결과를 감당하는 것도 내 몫이겠지만요. 나다운 선택, 나다운 러닝을 응원할게요!

서랍도, 인생도 정리가 안 된다면

정리를 잘하려면 어떻게 해야 할까요?
---

by. 냉장고 속 리모컨

"내 핸드폰 어디 있어?" 제가 집에서 가장 자주 하는 말입니다. 자주 사용하는 물건도 자리를 찾지 못해 온 집안을 찾아 헤매요. 지금 제 책상에는 안 쓰는 펜이며 버리지 못한 영수증이며 한 달 전에 까놓은 과자까지 다 올라와 있습니다. 그래서 정작 일을 해야 할 때는 공간이 없어서 노트북을 들고 카페로 나가곤 합니다. 아무것도 놓이지 않은 테이블이 필요해서요.

옷장 서랍을 열어보면 몇 년째 버리지 못한 양말이 수두룩합니다. 저거 놔뒀다가 창틀 닦고 싶은데 시간이 안 나네, 이러면서 창틀에 쌓인 먼지도 양말도 몇 년 째 방치하는 중입니다. 그 결과, 사용할 공간이 줄어들어서 집이 좁게 느껴지고 급기야 넓은 집으로 이사 가고 싶어졌습니다.

책상에 쌓인 물건을 피해 카페로 피신가고, 서랍을 못 치워서 이사 갈 궁리를 하는 제 자신이 한심합니다. 정리 정돈을 잘하려면 어떻게 해야 할까요? 제 인생 좀 정리해주세요!

공간은 마음을 보여주는 거울

by. 독 없는 독심술사

현관문을 열면 쌓여 있는 짐들. 그것을 마주한 순간 숨이 턱 막힙니다. 다시 현관문을 닫고 나가버리고 싶을 때도 종종 있습니다. 정리의 심각성을 알고 있지만 그럼에도 손을 댈 엄두가 나질 않죠. 어쩌다가 이렇게 집 안이 엉망이 되어 버렸을까요?

사람들은 정리를 못하는 걸 두고 게을러서 그렇다, 덜렁거려서 그렇다고 핀잔을 주기도 하는데요. 과연 그럴까요? 사실 집이 정리가 안 되고 있다는 건, 내 마음이 그렇다는 의미일지도 모릅니다. 혹시 정신없이 흘러가는 하루에 우왕좌왕 하고 있지는 않나요. 삶의 여유가 없어 쌓여 있는 짐을 정리하기는커녕 당장 눈앞에 놓인 것도 겨우겨우 처리하고 있지는 않은가요. 물건을 찾지 못하거나, 생각지도 못한 곳에서 발견했다는 것은 나 자신에게도 그대로 적용될 수 있어요. 내가 지금 어디서 무엇을 하고 있는지 모를 정도로 정신없는 삶을 살고 있음을 보여주는 지표일 수 있어요. 에고, 오늘 하루도 너무너무 고생하셨어요.

정리가 어려운 것은 당연해요. 물건이 한번 쌓이기 시작하면, 마치 그 자리가 제자리인 마냥 그 위로 쌓이기 시작하거든요. 러닝머신 위에 달리는 사람은 없고, 옷들만 한 무더기 쌓여 있는 것처럼요. 한 개, 두 개면 어떻게 정리를 해보겠지만, 일단 쌓이기 시작하면 손댈 엄두가 나지 않습니다. 그래서 정리하지 않거나 '어휴~난 못 봤어. 못 본 거야.' 혹은 '내, 내일 할까?' 하고 외면하게 되죠.

왜 이렇게 잘 아느냐고요? 정리를 꽤 잘한다고 자부하는 저도 종종 그럴 때가 있거든요. 정리가 어려운 것은 비단 사연자님만의 문제는 아닙니다. 누구나 한번쯤 겪는 문제예요. 일상이 바빠서 내 삶을 정리하지 못하는 경우는 다들 있잖아요? 그러니 포기하지 마세요. 정리라는 것은 절대 재능 같은 게 아닙니다. 지금 내가 정리를 하지 못했을 뿐이지, 영영 못하는 일이 아니에요. 우리 모두 할 수 있습니다.

자, 지금부터 제가 '정리'에 대해 하나씩 알려드릴게요.

방법보다 이유 먼저 찾기

SNS를 보면, 정리 방법이 많이 올라와 있습니다. 다이소만 가도 청소 도구와 정리 수납함을 저렴한 가격에 살 수 있죠. 하지만 방법만 좇다 보면 정리된 상태를 오래 지속하지 못할 수 있어요. 그러니 정리하는 방법을 찾기보다는, 그동안 정리하기가 어려웠던 이유부터 먼저 짚어보자고요.

 정리를 못하는 이유, 앞서 얘기했던 것처럼 바쁜 게 가장 큰 이유겠죠. 여기서 잠깐! 물건 입장에서 생각해볼까요? '나는 왜 제자리를 찾지 못하고, 방황하고 있을까?' 이미 질문에서 답이 보이죠? 정리가 안 되는 것은 물건이 제자리를 잃었기 때문입니다. 집에 귀가하지도 못해, 실업위기에 처한 물건들…. 이유를 아니까 방법도 바로 보이지 않나요? 물건이 제 역할을 할 수 있는 적당한 자리를 찾아주는 것. 펜을 연필꽂이에 꽂아두는 것은 당연하겠죠? 여기서 더 나아가 그 역할을 잘할 수 있는 곳에 배치해주면 더 효과적이에요. 책상보다는 거실 테이블에서 더 잘 쓴다면, 거기로 위치를 이동해주는 것도 방법입니다.
 그리고 정리가 안 되는 큰 이유 중 하나! 버리지 못하기 때문인데요. '나는 왜 잘 못 버릴까?' 하고 스스로에게 질문해보세요. 이유는 다양하지만, 크게 두 가지로 나눌 수 있습니다. 하나는 '이게 언젠가 쓸 일이 있지 않을까?' 하는 가설의 달인이기 때문, 그리고 '이거 그때 산건데…' 하는 의미 부여의 달인이기 때문이죠. 그래봐야 물건들은 결국 서랍 속에서 빛을 보지 못하거나, 방치되어 먼지만 쌓이게 됩니다. 그렇게 '짐'과 같은 존재가 되어버리면 물건 입장에서

슬프지 않을까요? 긴 시간 활용되지 못하고 방치된 물건은 결국은 버려지게 되어 있습니다.

어차피 버릴 거라면 지금 버리는 게 나을지도 몰라요. 당근에 나눔을 해서 새로운 쓸모를 찾아주는 것도 좋고요. 추억하고 싶은 물건이라면 사진을 찍어두거나, 일부만 작게 잘라 앨범에 보관하는 것도 좋은 방법입니다. 제발 과감해지세요. 한 달 된 과자, 안 쓰는 펜을 그렇게 방치해두면, 버리느니만 못하게 될 수도 있어요.

정리, 의무가 아닌 재미

정리…. 저도 하기 싫을 때가 많아요. 정리도 노동 중 하나잖아요? 하지만 그렇게 '일'로 의무감에 해야겠다고 생각하면 평~생 하기 싫어집니다. 당장 시작하고 또 지속성을 갖기 위해서는 '취미'같이 재미를 붙이는 게 필요합니다. '정리를 취미로 하라니, 이게 뭔 소리래?' 싶으신가요? 취미를 즐길 때의 나의 감정을 이용한다면 충분히 가능합니다.

저는 정리할 때 '희열'이라는 감정을 활용하시라고 말씀드리고 싶어요. 예를 들어 마트에 같은 크기의 병들이 쫙 나열된 것을 보면 어떠신가요? 최근 다이소에서는 과자를 종류와 상관없이 색깔별로 분류해 배치하기 시작했더라고요. 그걸 보면 어떤 느낌이 드나요? 저는 짜릿하더라고요! 이 감정을 가지고 정리에 재미 붙이는 팁을 알려드립니다.

첫 번째, 내가 가장 좋아하는 것부터 정리하자! 음식을 좋아한다면 냉장고부터, 옷을 좋아한다면 옷장부터 정리하는 방법입니다. 혹은 장소를 택해도 돼요. 가장 많이 머무는 공간부터 정리하는 방법도 있죠. 여기서 저만의 방법을 알려드리자면, 정리를 마친 곳에 가장 좋아하는 것을 두는 것도 방법입니다. 제 경우에는 '식물'을 좋아해요. 정리된 책상에 화분을 가져다두는 것을 상상하며 정리하곤 해요. 저희 언니는 헬로키티를 좋아하는 데요, 언니도 스스로 정리할 수 있게 헬로키티 자리를 지정해주었더니 그 주변을 정리하기 시작했죠.

두 번째는 순서나 종류에 상관없이 '가시적으로 예쁘게 정리하기'입니다. 앞서 했던 다이소 얘기 기억하시죠? 한번은 책장의 책을 표지 색깔별로 정리한 적이 있어요. 장르나 크기는 뒤죽박죽이지만, 색깔별로 모으니 정리된 느낌이 나고 예쁘더라고요. 그렇게 해놓으니 책을 빼서 보고도 다시 제자리에 꽂게 되고요. 이러면 자동적으로 정리도 되고, 지속적으로 유지도 되고, 정리하고 보는 재미까지 있으니 일석삼조 아니겠어요?

마지막은 간단합니다. 시간에 쫓기지 않고, 여유를 갖고 천천히 정리하기. 쫓기듯 해버리면 일과 다르지 않겠죠? 일에 쫓기다가 이렇게 됐는데, 정리만큼은 여유롭게 해보세요. 정리하는 시간을 곧 여유를 갖는 시간, 이렇게 생각하면 정리하는 시간이 즐거워질 거예요.

 정리는 결국 나를 보살피는 것과 같습니다. 분주한 내 삶에, 공간에, 마음에 여유를 만들어주는 것이죠. 정리가 안 되어 있고 공간이 어지럽다면, 내 마음도 그럴 거예요. 정리도 중요하지만, 내 마음도 살펴보시길 바라요.

나는 자라서 결국 내가 되겠지

무엇에도 재능이 없는 것 같아요
---

by. 만년 지망생

  취업 준비만 N년째 하고 있는 만년 지망생입니다. 안정적으로 수입이 들어오는 직업을 가지고 싶은데 나이가 많아 회사에 신입으로 들어갈 수도 없을 것 같고, 지금처럼 계속 공채 시험만 준비하기에도 무리가 있어 걱정입니다. 급한 마음에 정부 지원 교육을 받고는 있지만 이 분야에 재능은 부족한 것 같고 연계 취업도 가능할지 모르겠어요. 뭐가 됐든 일단 취업은 해야 될 것 같은데 불가능해 보여요. 사실 저는 그 무엇에도 재능이 없는 것 같아요.

아무거나 되세요

by. 다정한 흑염룡

"뭘 훌륭한 사람이 돼? 그냥 아무나 돼."

몇 년 전, 한 예능 프로그램에 이효리씨가 나와서 했던 말입니다. 지나가던 초등학교 6학년 학생을 붙잡고 강호동씨가 "커서 훌륭한 사람 되거라."라고 했더니 이효리씨가 갑자기 버럭 하면서 이렇게 맞받아쳤죠. 하고 싶은 대로, 아무거나 되라고 말이에요.

저는 이 장면을 보고 그 자리에서 으하하하하 하고, 한참을 소리 내서 웃었습니다. 정말 속 시원했어요. 훌륭한 사람이 안 되면 어때서요? 빛나는 자리에 서지 못하면 어때서요? 주위를 둘러보세요. 다 평범한 사람이잖아요. 나의 부모도 평범하고, 친구들도 평범하고, 나도 평범하고. 개중에 조금 잘 나고 조금 못난 사람이야 있겠지만 그래봐야 도긴개긴 아닌가요. 아무거나 되라는 이효리 씨의 말에서 저는 커다란 해방감을 느꼈습니다. 아무도 저런 말을 해준 적이 없었거든요. 저 말을 좀 더 어릴 때 들었더라면 자신을 덜 괴롭혔을 거라는 아쉬움마저 들었습니다.

지망생의 기쁨과 슬픔

사연을 읽다 보니 저도 기자 지망생으로 살았던 시절이 떠오르네요. 저는 대학교 1학년 때부터 기자가 되기로 맘먹고, 대학 졸업 후 기자 시험을 준비했던 3년을 포함해 총 8년을 기자 지망생으로 살았습니다. 기사 쓰는 일이 재미있었고 천직이라고 생각했어요. 대학생 명예 기자, 인턴 기자, 시민 기자, 학보사 조교를 거치는 동안 세상에 나보다 더 기자가 잘 어울리는 사람은 없을 거라고 생각했어요. 저한테는 분명 재능이 있다고 믿었습니다.

하지만 기자 시험을 한 해, 두 해 치는 동안 이 믿음은 점점 깎여 나가기 시작했어요. 같이 스터디 하던 친구들은 하나 둘 기자가 되어 가는데, 저만 늘 제자리인 것 같았죠. 대학 동기들은 진즉 취업해서 이직하며 연봉을 높여 나가고, 승진도 하고, 결혼 준비도 하던 시기였어요. 저는 뒤처지고 있다는 느낌 속에 점차 고립되고 있었어요. 기자 시험을 친 지 3년 차가 되니 서류에서도 미끄러지기 시작하더군요. 어느 순간, 저는 바닥을 치고 일기장에 이런 글을 쓰기에 이르렀습니다.

"나는 아무것도 아니다."

나는 반드시 기자가 될 거라고 8년이나 자기암시를 걸어왔는데,

내가 기자가 될 수 없다면 나는 누구인 거죠? 나는 아무것도 아닌 거예요. 텅 빈 거예요, 그냥. 스물일곱에 느낀 그 공허함을 지금도 잊을 수 없습니다. 그리고 손 하나 까딱 할 수 없는 무기력에 휩싸였습니다.

오랫동안 지망생으로 살다 보면 이런 순간이 한 번은 찾아오게 마련입니다. 내가 목표했던 시험에 떨어졌을 뿐인데 세상 전부가 나를 거부하는 것 같고 내 자리는 그 어디에도 없을 것 같은 막막함에 사로잡힐 때가 있어요. 영원히 취직할 수 없을 것 같은 불안감, 초조함에 휩싸여 뭘 해야 할지 모르겠더라고요. 아침에 눈 뜨면 '나는 아무것도 아니다.'라는 생각부터 들었는데, 그러다 보니 이런 결론에 도달하게 되었습니다.

'음, 내가 아무것도 아니라면 아무거나 되면 되지 않을까?'

아주 합당한 결론이었어요. 닥치는 대로 원서를 썼습니다. 글을 써온 경험을 인정해주는 곳이 있긴 하더라고요. 그게 출판사였고, 저는 그 길로 편집자가 되었습니다. 책 만드는 일은 기사 쓰는 일과 완전히 다른 결의 일이었지만 한동안 저는 행복했습니다. 세상에서 나를 필요로 하는 자리가 있다는 것, 아침에 출근할 책상이 있고, 매달 통장에 급여가 찍혀 나오고, 그걸로 내가 원하는 것을 살 수 있다는 사실 자체가 숨통을 트여주더라고요. 물론 그 뒤에는 제가 편집자로서 재능이 있는지 없는지 자기 의심에 시달리긴 했지만 오랫동안 일해보니 알겠더라고요. 편집자로 태어난 사람이 어디 있어요, 그냥 편집을 계속하다 보면 편집자가 되는 거죠.

무슨 일이든 해보세요. 하다 보면 다른 길도 보이고, 또 다른 도전을 해보면 되는 거죠. 재능이 뭣이 그리 중한가요. 밥 벌어먹고 삶을 하루하루 꾸려가면 되는 거죠.

재능이 밥 먹여주나

사연자님은 현재 교육받고 있는 분야에 재능이 부족한 것 같고 취업이 될지 모르겠다고 하셨어요. 무엇에도 재능이 없는 것 같다면서요. 네, 그럴 수도 있습니다. 그 어떤 것에도 재능이 없을 수 있습니다. 그러니까 일단 아무거나 하세요. 하다 보면 생각보다 할 만한 일일 수도 있고, 아니면 다른 일을 또 시도해보고 옮겨가면 됩니다.

중요한 것은 세상에 내 자리 하나는 있다는 것을 경험하면서 자신감을 쌓는 거예요. 무슨 일이든 하다 보면 다른 불만이 생기고 또 다음 단계를 고민하게 될 거예요. 만약 내가 좋아하는 일을 만나면 공들여서 그 일을 익히고 반복하며 배워보면 되겠죠.

명심하세요. 무슨 일을 선택하든 당신은 결국 당신 자신이 될 뿐입니다. 그러니까 아무거나 하세요. 무엇이 되어야만 살아갈 자격이 생기는 것은 아니니까요. 우리도 자연계의 다른 생명과 같아요. 태어났으니까 무엇을 하든 살아가면 돼요. 현실의 자신을 두 팔 벌려 꼭 안아주시길 바라며, 자기 고백 같은 부끄러운 답장을 마칩니다.

번아웃이 오면 난 수프를 끓여

번아웃을 물리치는 레시피가 궁금해요!
---
by. 다정한 흑염룡

안녕하세요. 요즘 따라 번아웃을 자주 경험하고 있는 프리랜서입니다. 프로젝트를 마치고 나면 아무것도 하기 싫어서 침대에 누워만 있을 때가 많습니다. 이럴 때는 냉장고에도 먹을 게 없어요. 사먹는 것도 하루 이틀이지 지겹습니다. 대량으로 끓여낸 카레와 미역국도 신물이 나요. 날도 슬슬 추워지고 수프 가게에서 먹었던 토마토스튜가 부쩍 떠오르네요. 이번 책을 마감하고 나면 수프 한 그릇에 바삭하고도 촉촉한 바게트를 곁들여 저 자신에게 대접하고 싶어요. 새콤달콤한 맛으로 눈이 번쩍 뜨이게 하는 수프 레시피가 알고 싶어요.

든든한 수프 상담소의 비법 레시피, 최초 공개!

by. 친절한T

 안녕하세요, 잦은 번아웃과 지독한 무기력을 경험한 '친절한 T'입니다. 잘 찾아오셨습니다. 저도 번아웃을 겪을 때마다 늘 침대로 향하곤 했어요. 그러다가 일어날 힘이 생기면 나라도 자신을 대접을 해주자는 생각으로 요리를 하곤 했습니다.

 집안일 중에 요리만큼 귀찮은 것도 없죠. 재료를 사서 다듬고 자르고 요리하고 설거지까지 해야 하니까요. 그 모든 과정을 생각하면 시작할 수 없습니다. 그럴 땐 일단 시장이나 마트에 나가보세요. 나갈 힘이 없다면 인터넷으로 장 보는 것도 좋아요. 재료가 도착하면 뭐라도 할 테니까요.

 자, 재료를 부엌에 데려왔다면 이제 조리 도구를 꺼내봅시다. 양파와 채소를 쫑쫑 썰고, 고기에 밑간을 하고 프라이팬을 준비합니다. 날것의 재료를 사각사각 썰고 지글지글 볶으면서 요리가 되는 과정을 살펴보세요. 머릿속에 떠올렸던 맛을 현실로 구현하는 동안 효능감을 느낄 수 있을 거예요. 이제 수프를 예쁜 그릇에 담아내 한입 먹어봅니다. 누워만 있었다면 알 수 없었던 맛을 충분히 음미해보세요. 제철 채소가 뭉근하게 우러나와 당신에게 힘을 전해줄 거예요.

저를 번아웃에서 꺼내준 그 레시피, 토마토수프 요리법을 여러분에게 공개합니다. 핵심 재료는 토마토입니다. 만약 제철 토마토가 없다면 토마토소스나 홀 토마토를 사서 만들 수 있어요.

깔끔함이 돋보이는 병아리콩 토마토스튜

재료(2인분 기준)

양파 4개, 토마토 2개, 감자 2개, 병아리콩 반 컵, 당근 1개, 그 외 원하는 재료(감자, 고구마, 단호박 등등), 소금, 후추, 올리브오일, 바질가루 혹은 오레가노가루(생략 가능), 월계수잎(생략 가능), 토마토 페이스트(혹은 홀 토마토)

하나, 병아리콩 반 컵을 찬물에 담가 반나절 이상 불려주세요. 만약 불리지 못했다면 밥솥에 넣고 찌거나 뜨거운 물에 30분 이상 끓여주세요.

둘, 재료를 준비합니다. 양파, 토마토, 감자, 당근 등 원하는 재료를 쫑쫑 썰어줍니다. 먹기 좋게 깍둑썰기를 해줍니다.

셋, 팬에 오일을 두르고 약간 달궈지면 양파를 넣고 중불에서 달달 볶아주세요. 핵심은 옅은 갈색이 될 때까지 쉬지 않고 저어주는 거예요. 인내심을 갖고 볶으면 양파가 달콤해지는 마법 같은 현상이 일어납니다.

넷, 양파가 갈색이 되었다면 병아리콩, 감자, 당근, 토마토 순서대로 넣고 야채 물기가 날아갈 때까지 볶아주세요. 그리고 토마토소스와 물을 넣어주세요. 원하는 농도만큼 물을 넣어주면 되는데요. 국처럼 맑은 게 좋다면 여러 컵을, 되직한 게 좋다면 종이컵 한 컵 정도만 넣어주면 됩니다.

다섯, 지금부터는 불을 아주 약하게 줄이고 30분 정도 보글보글 끓여주세요. 재료들이 달라붙어 타지 않도록 중간중간 저어주는 것도 잊지 마세요.

여섯, 소금과 후추로 간을 맞추고 원하는 향신료를 넣어줍니다. 바질가루나 오레가노가루가 있다면 넣어보세요. 없다면 생략해도 무방합니다.

일곱, 면을 좋아한다면 면과 함께, 밥이 좋다면 밥과, 빵이 좋다면 빵을 구워 뭉근히 끓인 스튜와 함께 먹어보세요.

깊은 맛, 비프 토마토 스튜

재료(2인분 기준)

양파 4개, 토마토 2개, 감자 2개, 고기(300g 내외), 당근 1개, 그 외 원하는 재료, 소금, 후추, 올리브오일(혹은 버터), 레드와인(생략 가능), 바질가루 혹은 오레가노가루(생략 가능), 월계수잎(생략 가능), 토마토 페이스트(혹은 토마토 홀).

하나, 소고기에 밑간을 해줍니다. 소금과 후추, 올리브오일을 살짝 발라주고 30분 정도 휴지해줍니다.

둘, 재료를 준비합니다. 양파, 토마토, 감자, 당근 등 원하는 재료를 쫑쫑 썰어줍니다. 먹기 좋게 깍둑썰기를 해줍니다.

셋, 팬에 오일을 두르고 약간 달궈지면 양파를 넣고 중불에서 달달 볶아주세요. 핵심은 옅은 갈색이 될 때까지 쉬지 않고 저어주는 거예요. 인내심을 갖고 볶다 보면 양파가 달콤해지는 마법 같은 현상이 일어납니다.

넷, 양파가 갈색이 되었다면 소고기를 넣고 버터를 추가해서 강불에 넣고 볶아줍니다. 레드와인이 있다면 종이컵으로 반 컵 정도 넣고 확 끓여주세요. 깊은 맛을 내고 잡내를 제거해줍니다. 없다면 생략해도 괜찮습니다.

다섯, 고기가 약간 익었을 때 딱딱한 재료부터 넣어줍니다. 감자, 당근, 토마토를 순서대로 넣고 야채 물기가 날아갈 때까지 볶다가 토마토소스와 물을 넣어주세요. 원하는 농도만큼 물을 넣어주면 되는데요. 국처럼 맑은 게 좋다면 여러 컵을, 되직한 게 좋다면 종이컵 한 컵 정도만 넣어주면 됩니다.

여섯, 지금부터는 불을 아주 약하게 줄이고 30분 정도 보글보글 끓여주세요. 재료들이 달라붙어 타지 않도록 중간중간 저어주는 것도 잊지 마세요.

일곱, 소금과 후추로 간을 맞추고 원하는 향신료를 넣어줍니다. 바질가루나 오레가노가루가 있다면 넣어보세요. 없다면 생략해도 무방합니다.

여덟, 면을 좋아한다면 면과 함께, 밥이 좋다면 밥과, 빵이 좋다면 빵을 구워 뭉근히 끓인 스튜와 함께 먹어보세요.

에필로그

수프 맛은 어떠셨나요?

저는 이 책의 필자이자, 독자이자, 사연자이기도 했습니다.

고민을 하나씩 읽고, 답장을 논의하고 쓰면서 "아…역시 저만 이런 고민한 게 아니네요."라는 말을 여러 번 했어요. 출신도, 배경도, 생김새도 다른데, 어쩜 이렇게 삶에 대한 고민은 다들 비슷한지…. 설령 나와 거리가 있는 고민일지라도 '언젠가 내가 저 고민을 하게 되지 않을까.' 하는 생각에 감정이입하지 않을 수 없더라고요. 세 사람이 머리를 맞대고 회의를 거듭하며 답장을 썼어요. 전문가는 아니지만 같이 돌파구를 고민하며 마음을 나누고자 했습니다.

지금부터 이 프로젝트의 시작과 끝에 대해 얘기를 하려고 해요.

"수프만 드셔도 되고요. 고민이 있으시면, 고민을 접수해주셔도 돼요. 소중한 고민을 보내주시면 수프 값은 천 원입니다."

2024년 6월 27일, 커피 한 잔에서 시작한 기획을 다섯 평 공간에 담아 문을 열었습니다. 공간은 망원동에 노란색 옷을 입은 작은 피자집이었어요. 예쁜 가게를 빌려 귀여운 포스터도 붙이고, 팝업 스토어를 꾸려나가는 모습이 낭만 있어 보이지만 실상은 그렇지 않았습니다. 알바 경력이 적지 않은 저희지만 얼마 전까지 키보드만 두드렸던지라 거대한 화구 앞에서 야채를 볶고, 무거운 양식기를 들고 서빙하려니 체력이 따라주지 않았죠. 게다가 더위에, 비에, 넉넉하지 못한 자본 등 온갖 장벽에 부딪히며 '무슨 부귀영화를 누리자고, 이러고 있는 거지?' 하며 좌절감과 허탈감에 주저앉고 싶기도 했습니다. 그럼에도 서로를 달래고 채찍질해가며 6월 27일, 28일, 이틀간 수프 가게를 열었죠.

이틀 동안 60여 명의 손님이 다녀가셨어요. "이야~ 대단한데! 성공적인 거 아냐?"라고 하시는 분도 있었지만, 저희는 몇 번이나 가슴을 쓸어내렸습니다. 첫날에는 손님이 열여덟 분이었어요. 점심 때 반짝하고 휑해진 홀을 보며, 저희는 주방 안에서 바들바들 떨었죠.

"우리… 망한 거 아냐?"

다행히 둘째 날 포장 손님부터 예정 없이 가게 들르는 분까지 많은 손님이 다녀가면서 만든 수프를 모두 팔았습니다. 큰 냄비가 바닥을 보이고 수프가 사라지니, 그제야 저희 불안도 사라졌죠. 하지만 수프 판매만 문제가 아니었어요. 고민이 얼마나 접수되고 또 어떤 사연이 접수될지, 아니 그전에 사람들이 사연을 접수하기는 할지 걱정을 한 아름 부둥켜안고 있었습니다. 그래서 '고민을 접수하면, 수프 값은 천 원'이라는 파격적인 조건을 내걸기도 했죠. 사실 그 천 원조차 받지 않으려 했어요. 마음속에 감춰둔 고민을 저희에게 꺼내주신 것이기 때문에 그 값을 매길 수 없다고 생각했거든요. 하지만 모든 손님이 말하셨죠.

"천 원을 할인해준다는 게 아니었어요? 안 돼요, 그냥 다 받으세요."

천사 같은 손님들 덕분에 수프는 동나고 사연은 가득 쌓였습니다. 모든 사연에 답장하고 싶었지만, 분량 등의 이유로 답장을 못 드린 분들께 이 에필로그를 기회로 양해를 구해요. 그래도 그날 드셨던 수프가 부디 속과 마음을 달래주었길 바랍니다.

딩동, 오래 기다리셨습니다. 답장이 도착했어요!

두 달간 저자 세 명이 모여 고민에 대해 논의하고 답장을 썼습니다. 지금 이 에필로그를 읽고 계시다면, 저희의 답장을 읽으셨겠죠?

이 사연의 주인공인 분들이 답장을 어떻게 읽으셨을지 조금 떨립니다. 단순히 '우리의 답장이 마음에 들까?' 하는 떨림은 아닙니다. 혹시 저희가 사연자님의 속마음을 미처 헤아리지 못하거나 혹은 답장의 대안들이 충분치 않거나 무책임하다고 느끼실까 봐서요. 하지만 이것만은 알아주셨으면 해요. 두 달 동안 매주 회의하고 답장을 쓰며, 내내 사연자님의 마음이 어땠을까 우리는 생각했습니다. 이야기에 푹 빠져 고민하다 보니 이 말은 꼭 전하고 싶더라고요. 당신의 이야기로 저희를 초대해줘서 감사하다고요. 사연자분들의 이야기는 현실에서 답을 찾아 던전을 헤매는 용사들의 이야기였습니다. 다정한 흑염룡, 독 없는 독심술사, 친절한 T의 답장이 부디 행운의 아이템이었길 바라요.

실은 사연을 보내준 분들 덕분에 저희의 판타지가 현실이 되었습니다. 다정한 흑염룡, 은화님은 지금은 출판사 편집장이지만 한때 심리 상담사를 꿈꾸었다고 합니다. 그동안 수많은 책을 세상 밖으로 내보냈지만, 누군가에게 실질적인 도움을 주는 이번 글을 쓰는 동안 즐거웠다고 해요. 같이 프로젝트를 기획하고 요리를 담당한 친절한 T, 혜리님은 직접 요리한 음식을 팔고 글을 쓰는 작업까지 모두 처음 하는 것들이라 매순간 도전의 연속이었죠. 하지만 상상을 직접 구현해내는 이 과정 자체가 무척 흥미로웠다고 해요. 맞아요. 그는 힘들다고 노래를 불렀지만, 분명 즐기고 있었어요.

저는요, 이번 글을 쓰면서 행운과 행복을 양손에 가득 쥔 것 같았어요. 제가 먼저 수프 가게를 제안했지만 사실 '이게 될까?' 하는 의심과 걱정을 가장 많이 했거든요. '뭐야~ 본인이 시작해놓고.'라고 하시는 분도 있었는데요. 저는 상상력이 풍부한 편이라 시도 때도 없이 아이디어를 던져대거든요. 하하. 그런데 이 얘기를 꺼낸 상대가 실행력 갑인 '친절한 T'와 현실과 이상의 균형을 기가 막히게 잡는 '다정한 흑염룡'이었다는 게 정말 행운이었죠.

그리고 이 책에서는 공감을 담당하고 있지만, 사실 저는 5년 동안 범죄 스릴러물만 써오던 사람이었습니다. 모든 불을 꺼놓고 잔인한 영상들을 참고하며 어두운 글만 쓰던 제가, 위로와 희망이 담긴 글을 쓸 수 있다는 것 자체가 행복했어요. 이 자리를 빌려 행운과 같았던 저자 두 분과 행복을 느끼게 해준 사연자분, 그리고 이 책을 읽어주신 독자분 모두에게 감사의 마음을 전합니다.

독자님들은 이 이야기를 어떻게 읽으셨을지 궁금합니다. 현실 속의 우리는 각자 다른 경험을 하고 고유한 고민을 안고 살아가지만, 인간의 본질적인 욕구는 비슷하다고 생각해요. 있는 그대로의 모습으로 이해받고, 존중받고, 사랑받고 싶은 욕구 말이에요. 나는 나의 세계 안에서 존재하지만, 우리는 이야기를 통해 타인의 세계로 건너갈 수 있습니다. 그 안에서 타인의 맥락을 공감하고 이해할 수도 있고, 또 다른 나를 발견하고 자신을 객관화할 수도 있겠지요. 나만 이런 고민을 하고 있는 걸 아니라는 사실을 확인할 때 느끼는 위안도 받을 수 있겠고요. 나를 둘러싼 세상의 경계는 그렇게 조금씩 넓어지는 게 아닐까요. 이 책을 읽고 현실에서 내 이야기를 들어준 누군가, 또 내가 곁을 내어줄 누군가를 떠올린다면 더 바랄 것이 없겠습니다.

혼자 고민하지 마세요. 무거운 고민에 지치고 힘들 때 언제든 『든든한 수프 상담소』를 찾아주세요. 여러분을 위한 수프 한 그릇, 이야기 꾸러미가 준비되어 있습니다.

에필로그를 마치며, 오늘 영업을 마칩니다.

안녕히 가세요. 아니, 행복하세요.
사연의 주인공과 독자 여러분 모두요!

든든한 우프 상담소

1판 1쇄 2024년 10월 22일

지은이 김은채 김은화 방혜리
펴낸이/편집 김은화
디자인/일러스트 키박
제작 357 제작소
펴낸곳 피치북스

출판등록 2018.7.17(제 25100-2018-000045호)
전자우편 orogio@naver.com
인스타그램 @daughter_cell

© 김은채 김은화 방혜리, 2024
ISBN 979-11-966756-9-1(03810)

이 책은 저작권법에 따라 보호받는 저작물이므로 무단전재와 무단복제를 금합니다.